flaminio gundy

Prosecco hills
The Valdobbiadene vineyards

Prosecco hills
The Valdobbiadene vineyards

by Flaminio Gundy

All rights reserved.
No part of this book may be used or reproduced in any manner without written permission of the publisher.

Copyright © 2018 by Flaminio Gundy

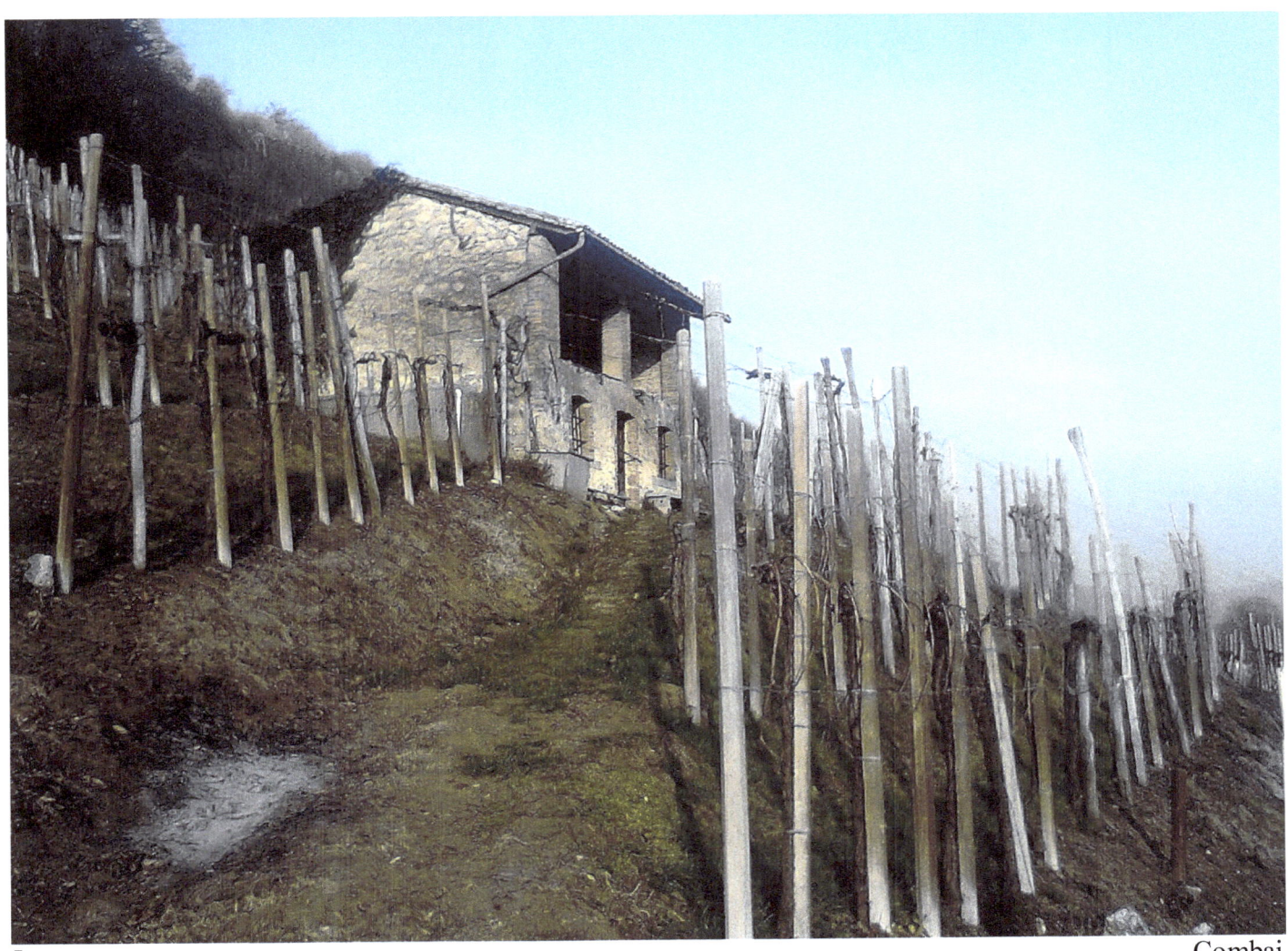

January   Combai

Prosecco is a white wine DOC (Designation of Controlled Origin) or DOCG (Designation of Controlled and Guaranteed Origin) which can only be produced in some areas of Veneto and Friuli Venezia Giulia from the Glera, Verdiso, Pinot bianco, Pinot nero wine varietals and only with the Martinotti-Charmat method.

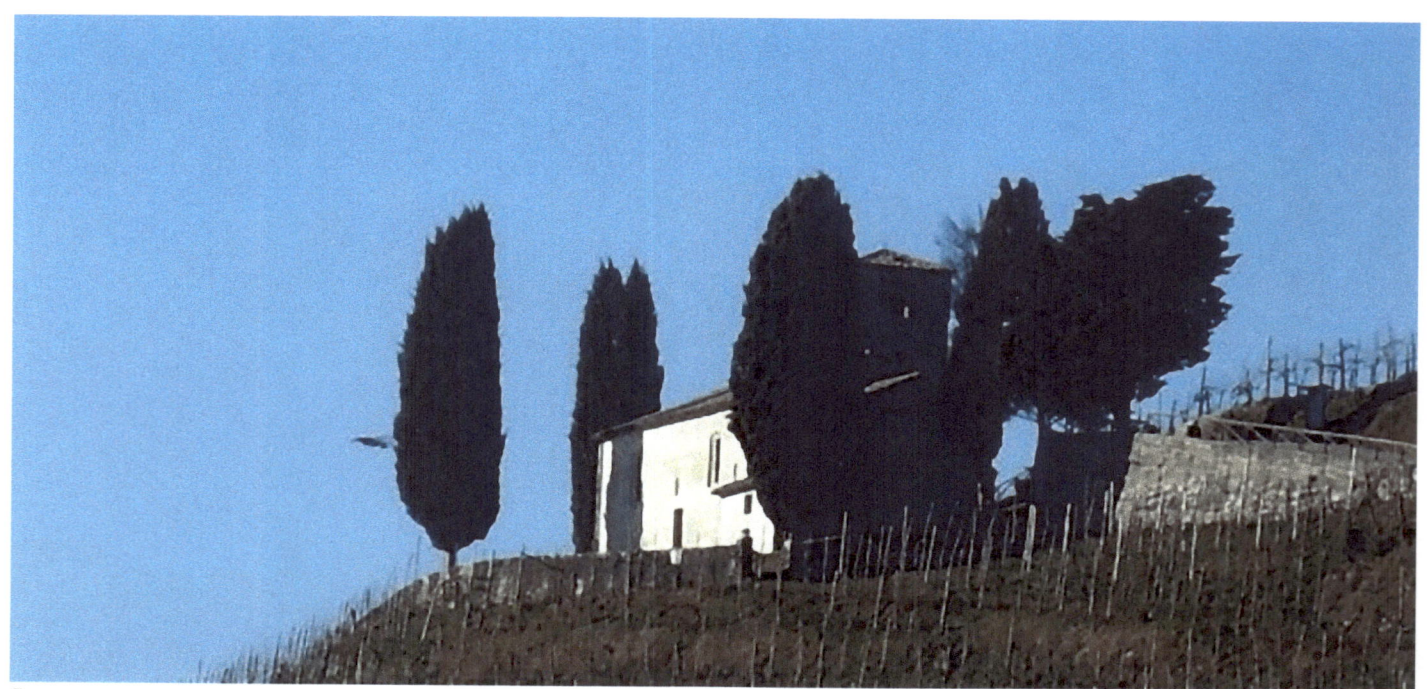

January — Col San Martino, St. Vigilio little Church

Il Prosecco è un vino bianco DOC (Denominazione di Origine Controllata) DOCG (Denominazione di Origine Controllata e Garantita) che può essere prodotto solo in alcune zone del Veneto e del Friuli Venezia Giulia dai vitigni Glera, Verdiso, Pinot bianco, Pinot nero e solo con metodo Martinotti-Charmat.

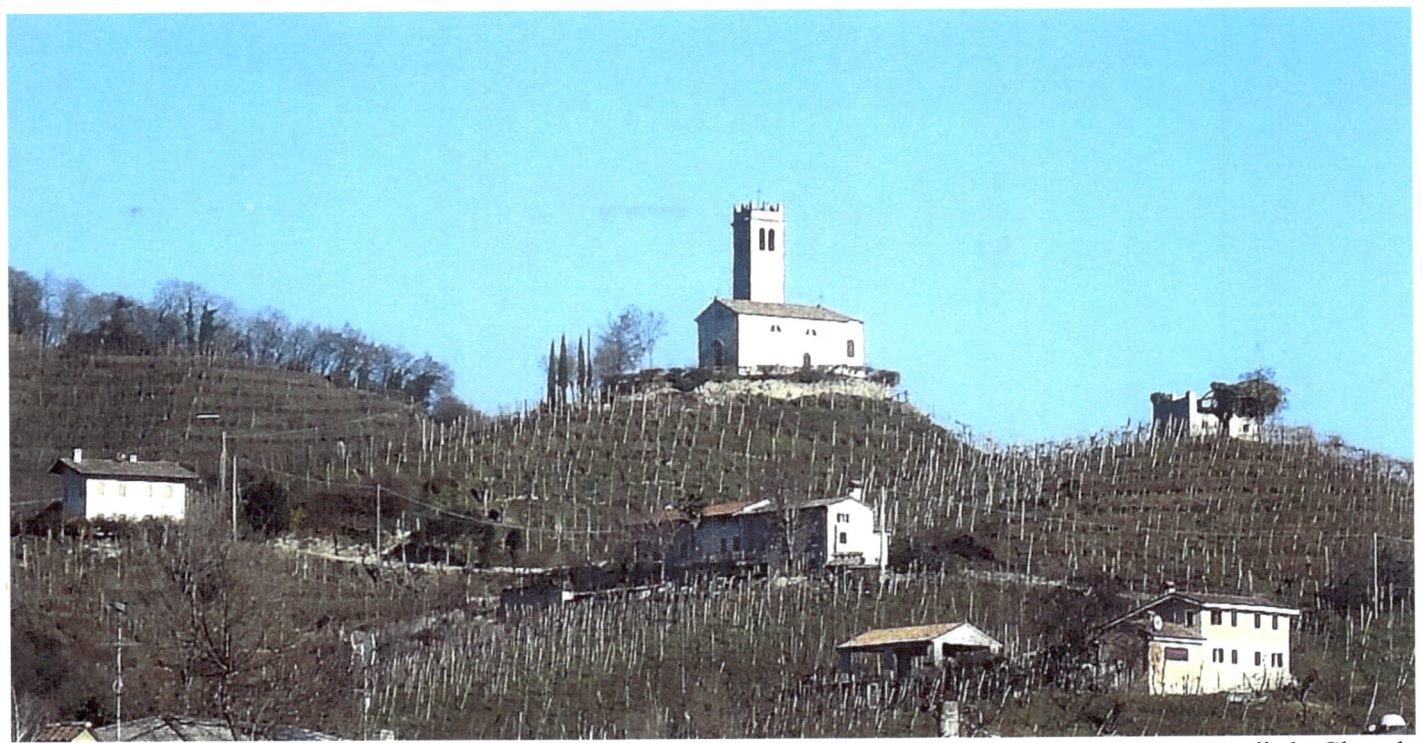

January   Col San Martino, St. Lorenzo little Church

Like all wines Prosecco is produced by alcoholic fermentation, which transforms the natural sugars of grapes into alcohol and carbon dioxide. When a second fermentation is made in the bottle, by retaining into its inside the resulting carbon dioxide (ie bubbles), the sparkling is obtained, but if it is in stainless steel tanks instead of in the bottle as it is used for champagne, it is obtained a fresh and aromatic wine ready to drink right away. This method is called **Martinotti-Charmat**, while in the international treatises it is called the **Italian method**.

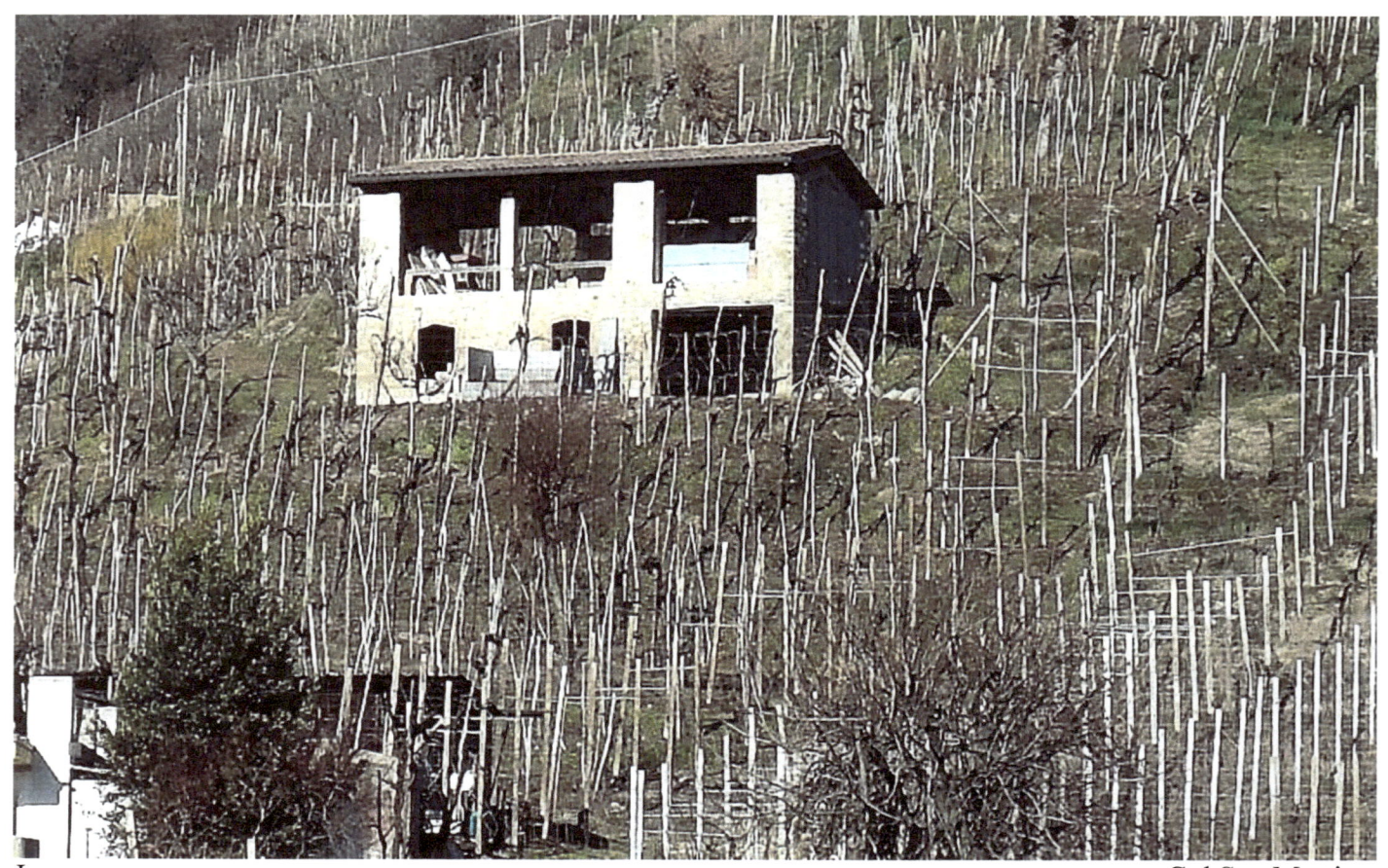

January   Col San Martino

*Come tutti i vini anche il Prosecco viene prodotto tramite fermentazione alcolica, che trasforma gli zuccheri naturali presenti nell'uva in alcool e anidride carbonica. Quando si crea una seconda fermentazione in bottiglia, conservando al suo interno l'anidride carbonica che ne deriva (ossia le bollicine), si ottiene lo spumante, ma se avviene in vasche d'acciaio inox, invece che in bottiglia come si usa per lo champagne, si ottiene un vino fresco e aromatico subito pronto da bere. Tale metodo viene definito **Martinotti-Charmat**, mentre nelle trattazioni internazionali è detto **metodo italiano**.*

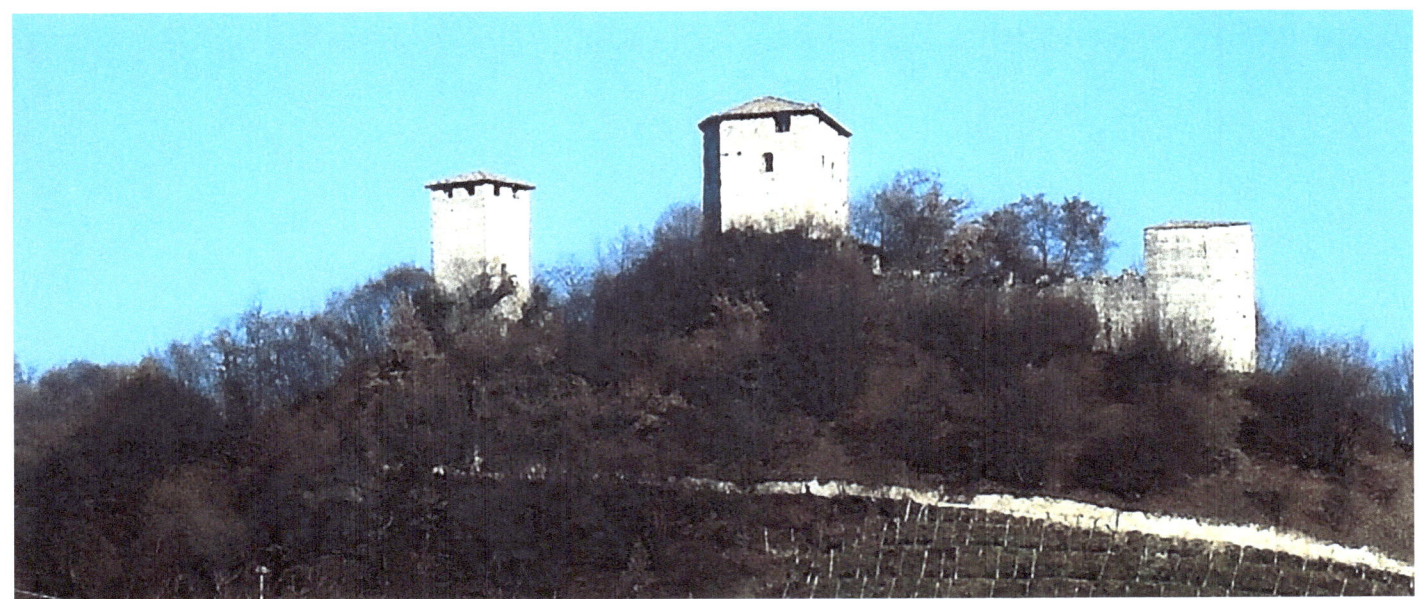

January   Col San Martino, Castle towers Credazzo

The Spumante Prosecco contains the maximum number of bubbles, but there is also the version with less bubbles called Prosecco Frizzante and the one without bubbles called Prosecco Fermo or Tranquillo.

Over the years, the Prosecco Superiore di Cartizze has been imposed among the various types, produced in a narrow area of Vadobbiadene municipality, in Treviso province, in the Saccol, S. Pietro di Barbozza and S. Stefano districts.

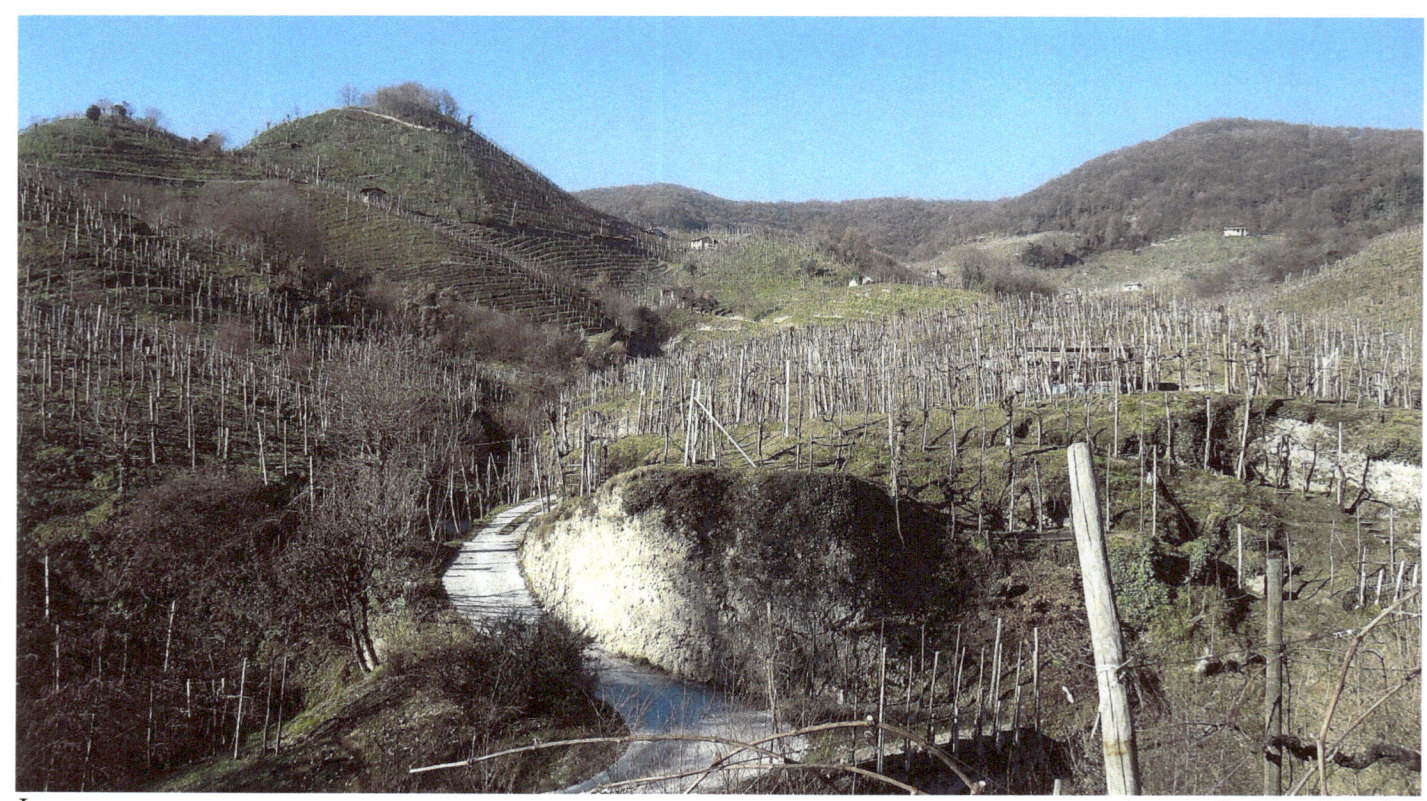

January · Col San Martino

Il Prosecco Spumante contiene il massimo numero di bollicine, ma esiste anche la versione con meno bollicine detto Prosecco Frizzante e quella senza bollicine detto Prosecco Fermo o Tranquillo.

Negli anni si è imposto fra le varie tipologie il Prosecco Superiore di Cartizze, prodotto in una ristretta area del comune di Valdobbiadene, in provincia di Treviso, nelle frazioni Saccol, S. Pietro di Barbozza e S. Stefano.

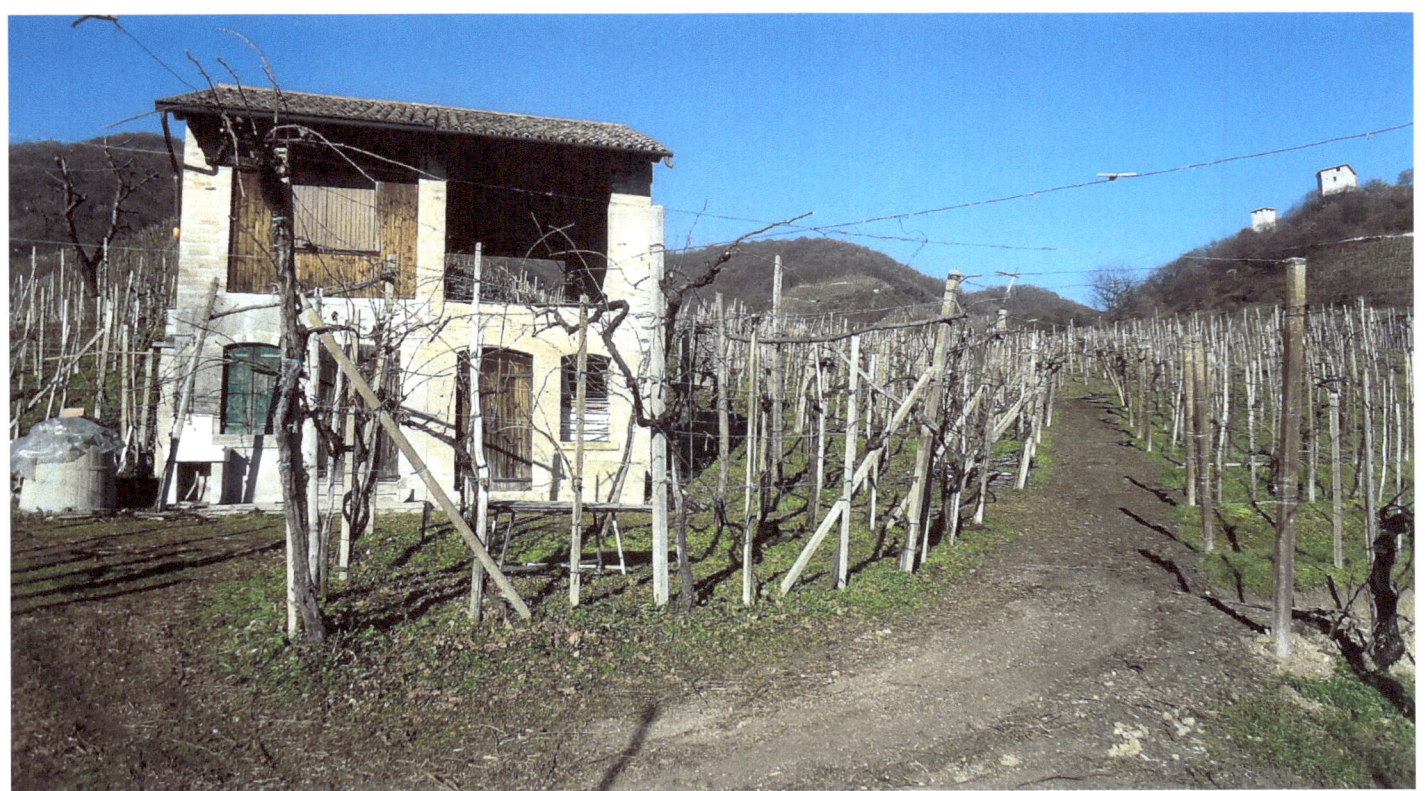

January Col San Martino

The production area of Prosecco DOC is located in the north eastern part of Italy and more precisely in the territories of 5 provinces of Veneto (Treviso, Venice, Vicenza, Padua, Belluno) and in the Friuli-Venice Giulia (Gorizia, Pordenone, Trieste and Udine).

When harvesting of grapes, winemaking and bottling takes place entirely in the Treviso and Trieste provinces, the special mention Treviso or Trieste may be used to underline the special value these two provinces have covered in the Prosecco history.

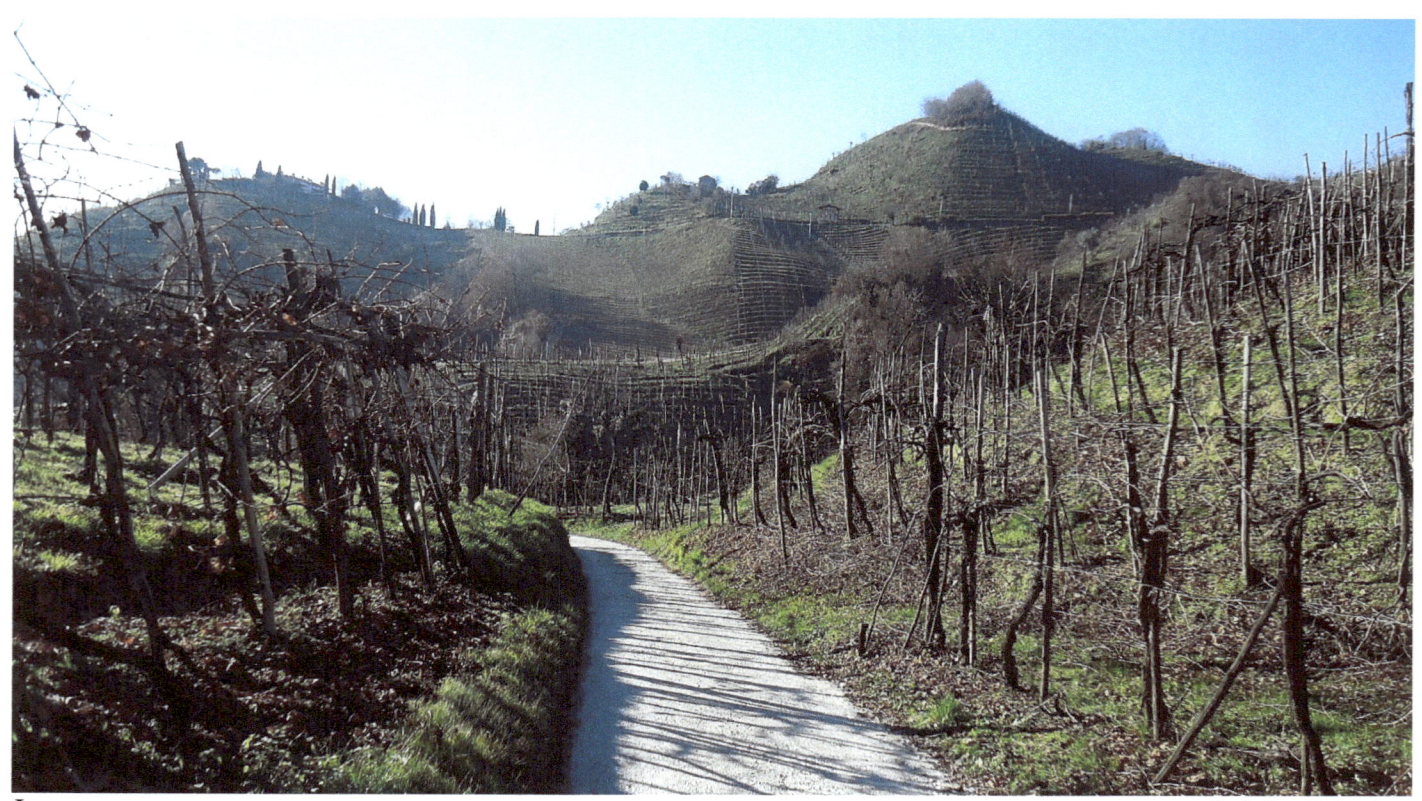

January   Col San Martino

La zona di produzione del Prosecco DOC (Denominazione di Origine Controllata) si trova nell'area Nord orientale dell'Italia e più precisamente nei territori di 5 province del Veneto (Treviso, Venezia, Vicenza, Padova, Belluno) e nelle 4 del Friuli-Venezia Giulia (Gorizia, Pordenone, Trieste e Udine).

Quando la raccolta delle uve, la vinificazione e l'imbottigliamento avvengono completamente nelle province di Treviso e Trieste, si può usare le menzione speciale Treviso o Trieste a sottolineare il valore particolare che queste due province hanno ricoperto all'interno della storia del Prosecco.

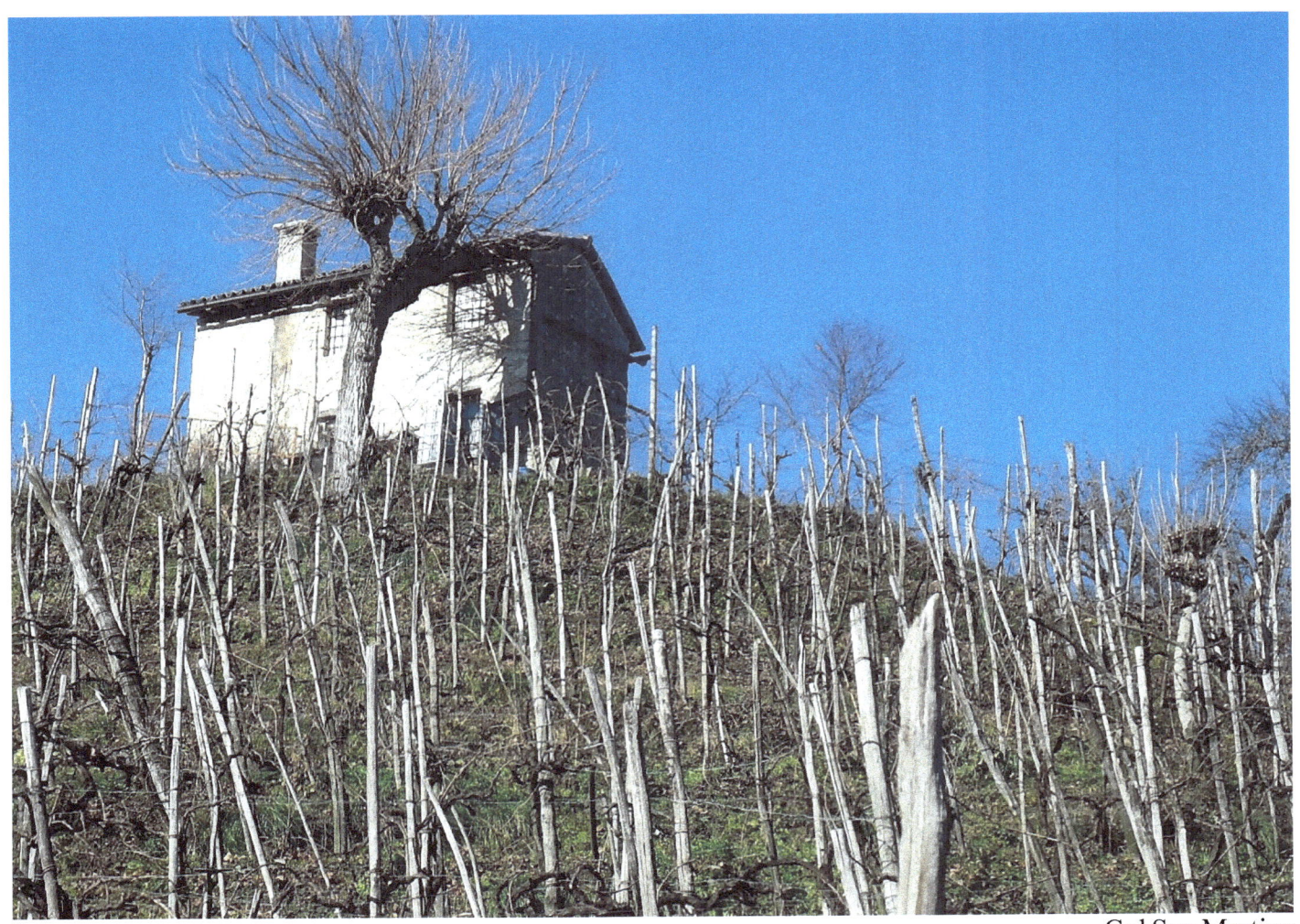

January   Col San Martino

Within the production area of Prosecco DOC, there is the most restricted area of the DOCG (Designation of Controlled and Guaranteed Origin), which includes the hillsides from Conegliano to Valdobbiadene and from the Asolo hills to Montello.

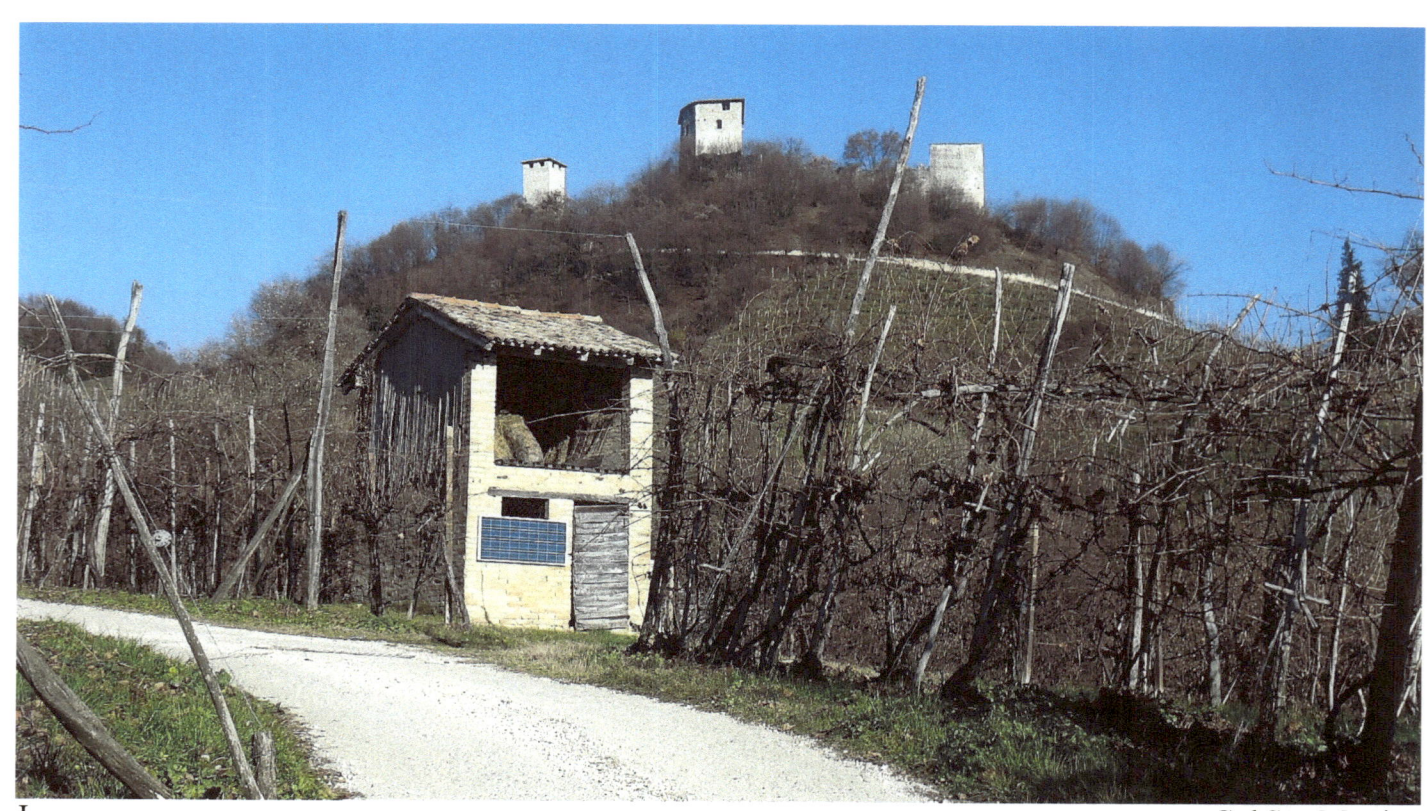

January — Col San Martino

All'interno della zona di produzione del Prosecco DOC, esiste l'area più limitata della DOCG (Denominazione di Origine Controllata e Garantita) che comprende la fascia collinare da Conegliano a Valdobbiadene e quella dalle colline di Asolo al Montello.

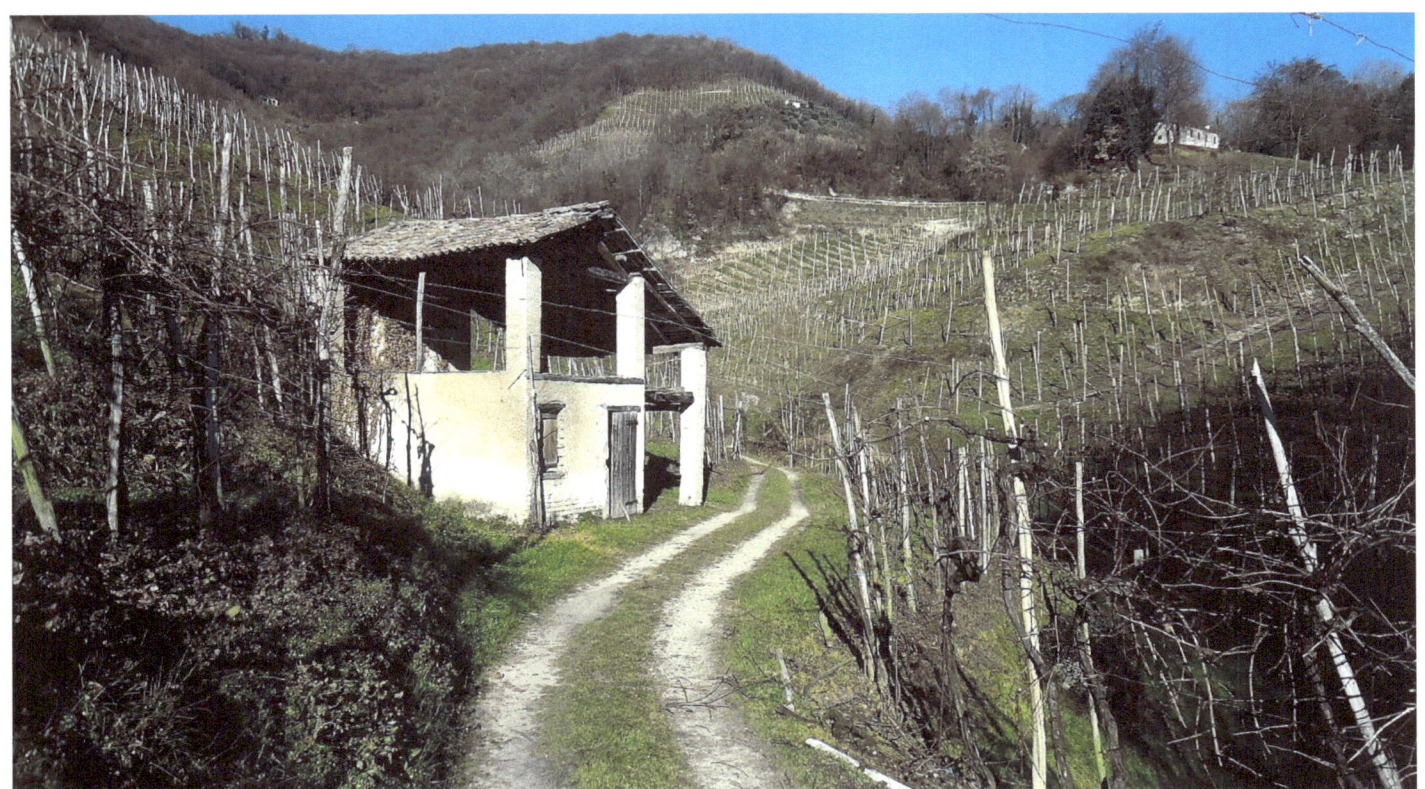

January   Col San Martino

The climate of these territories is generally tempered because the whole area is protected from the North Alps and mitigated by the Adriatic Sea eastern winds, which reduce the summer temperature causing rainfall that favors the proper vegetative development of vine, while in the late summer it is characterized by strong thermal excursions between day and night, which allow the development of aromatic substances in grapes during maturation.

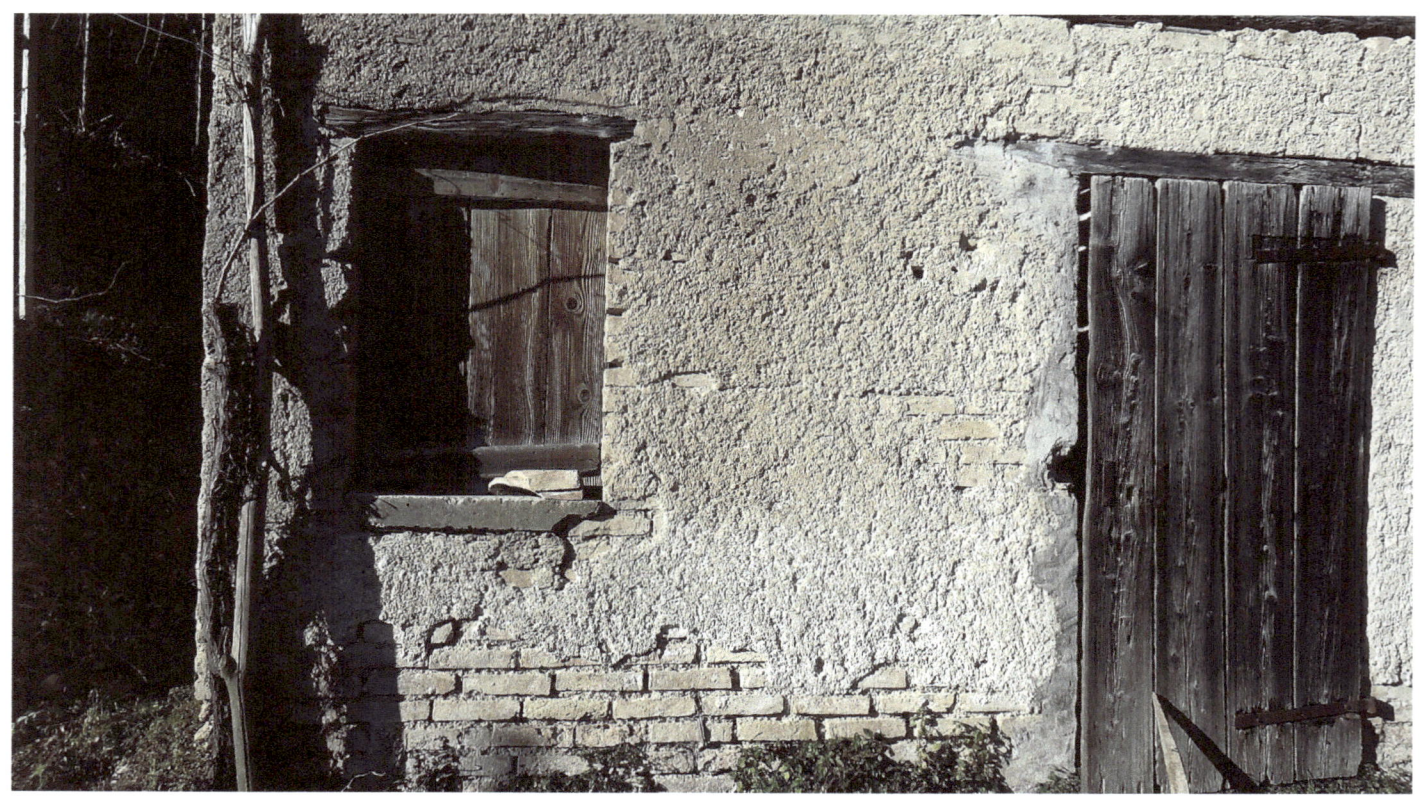

January Col San Martino

Il clima di questi territori è generalmente temperato perché tutta l'area è protetta a Nord dalle Alpi e mitigata a Est dai venti del mare Adriatico che riducono la temperatura estiva provocando una piovosità che favorisce il corretto sviluppo vegetativo della vite, mentre a fine estate è caratterizzata da forti escursioni termiche tra giorno e notte, che permettono lo sviluppo di sostanze aromatiche nell'uva in fase di maturazione.

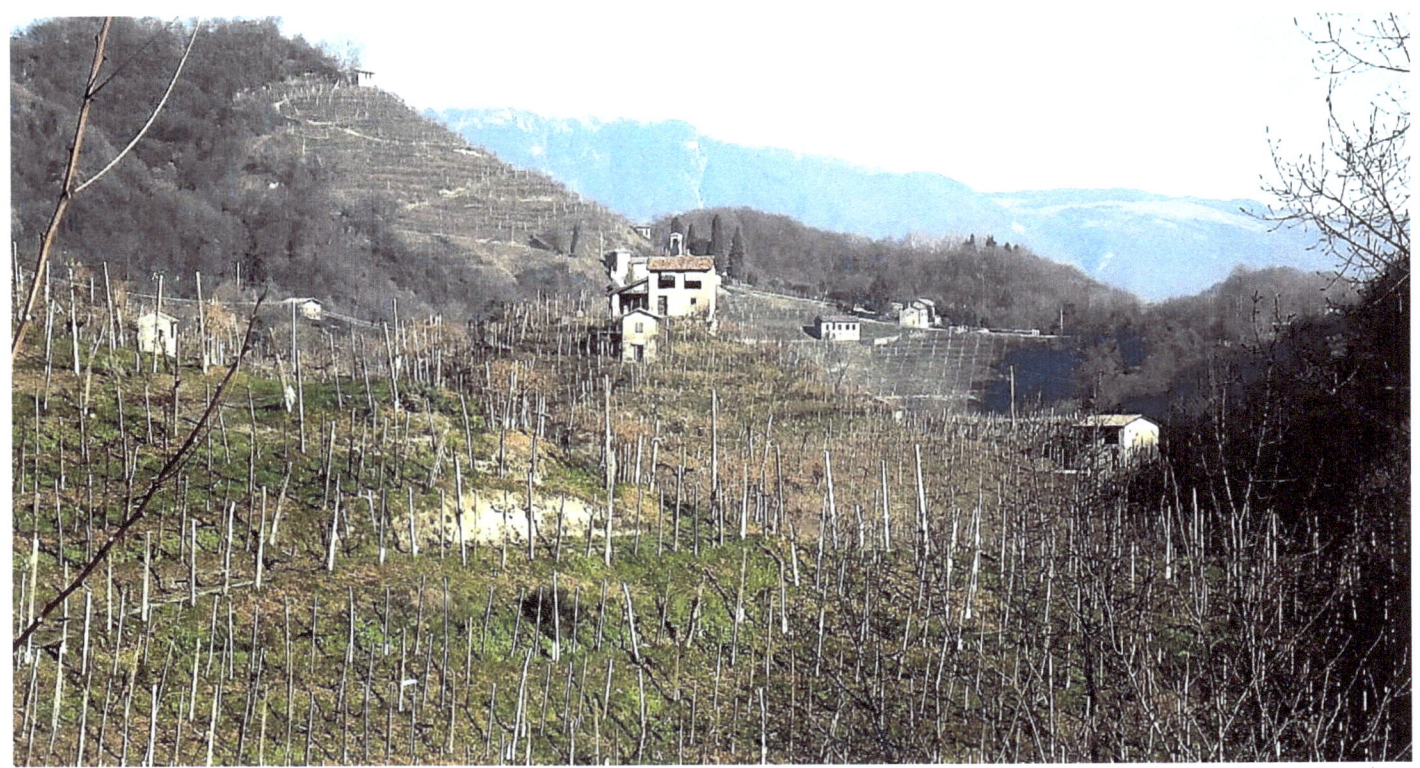

January   Col San Martino

The terrain of alluvial origin, predominantly clay-loam, is rich in minerals that allow a grape production that lends itself to the creation of sparkling and semi-sparkling wines. The soils of the Valdobbiadene territory originate from the rise of the sea beds. Then the hills have been remodeled by the glaciers of Dolomites, leaving very deep soils made of rock and sand conglomerates with lots of clay.

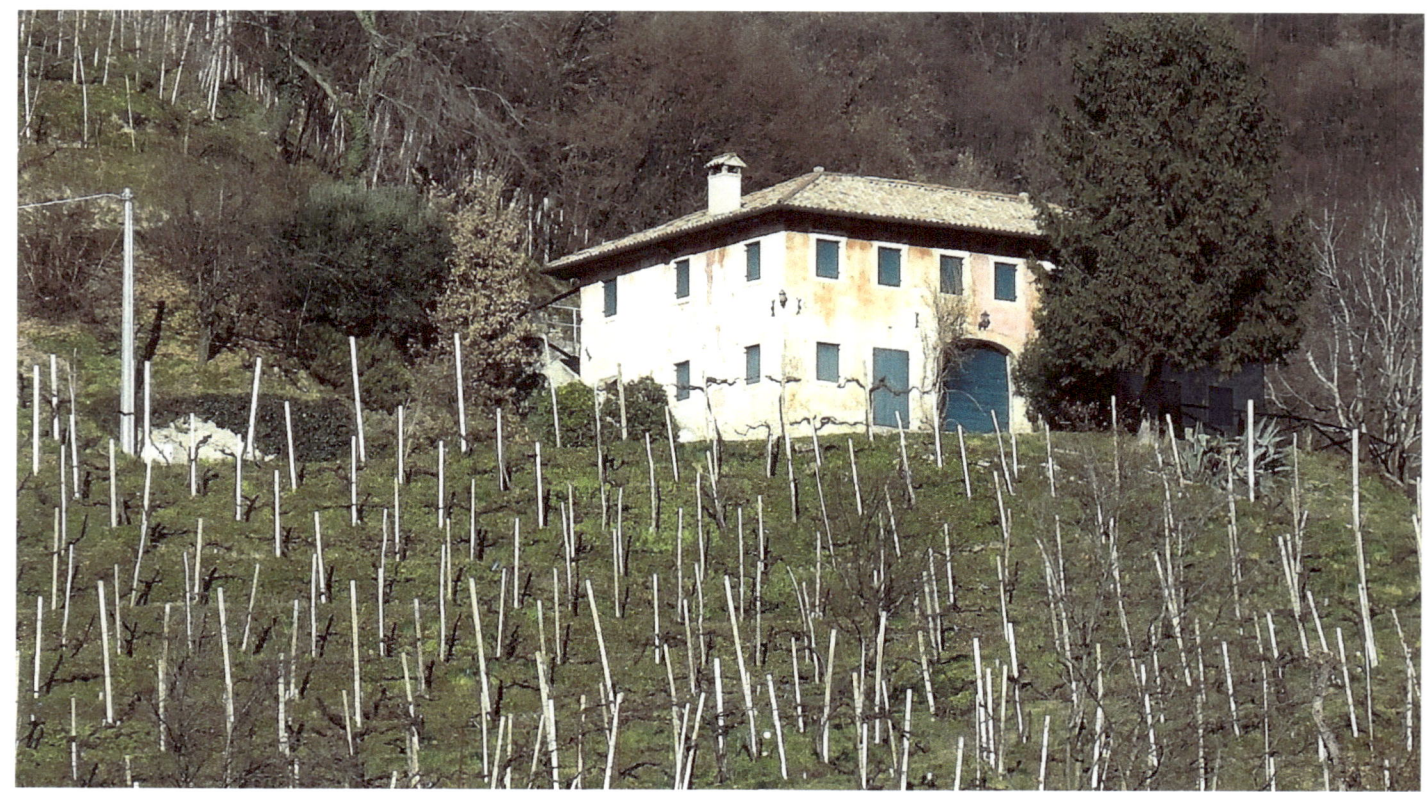

January   Col San Martino

Il terreno di origine alluvionale, prevalentemente argilloso-limoso, è ricco di minerali che permettono una produzione di uva che si presta alla creazione di vini spumanti e frizzanti. I suoli del territorio di Valdobbiadene hanno un'origine che risale al sollevamento dei fondali marini. Poi le colline sono state rimodellate dai ghiacciai delle Dolomiti, lasciando suoli molto profondi costituiti da conglomerati di roccia e sabbia con molta argilla.

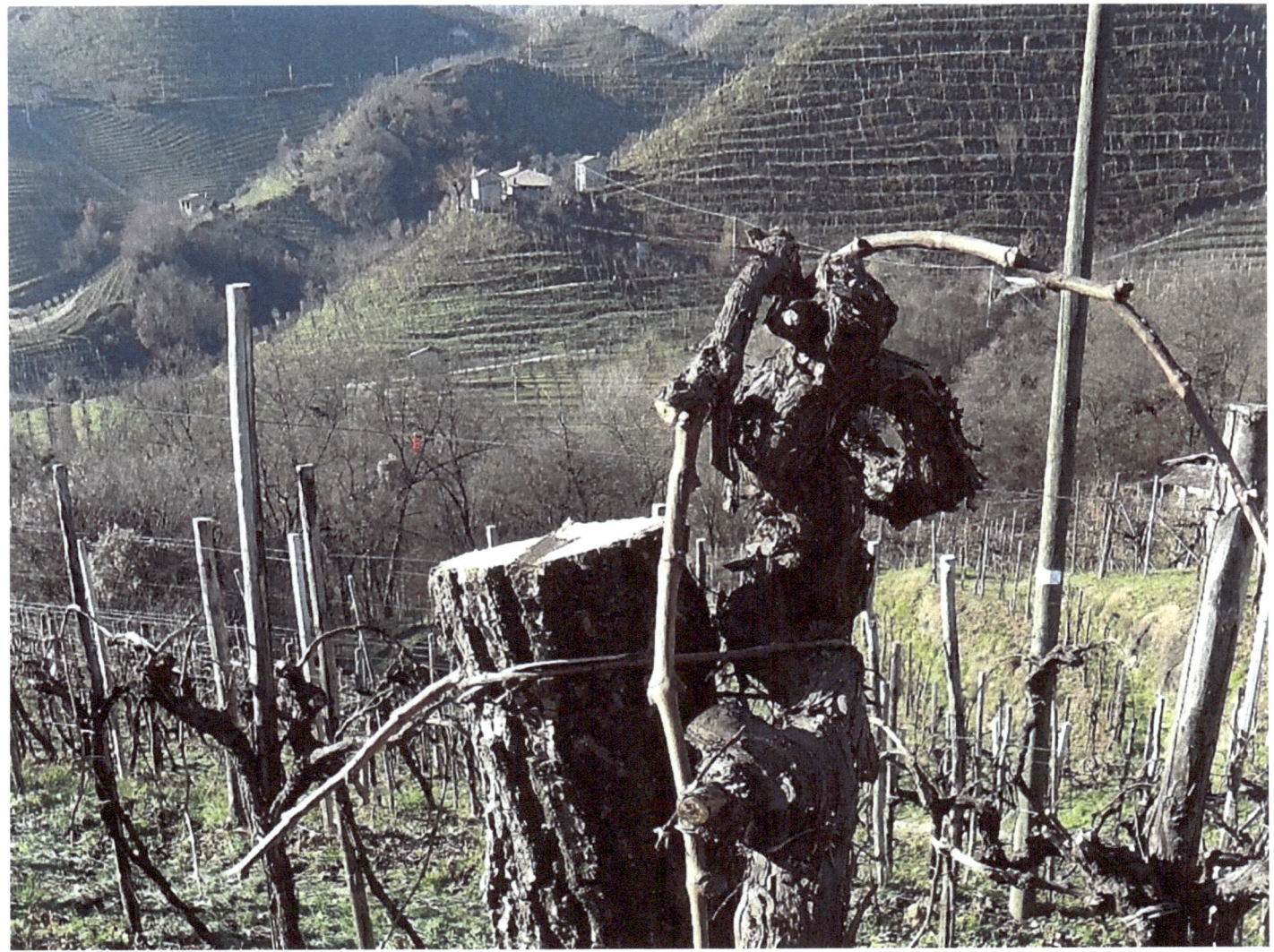

January　　　　　　　　　　　　　　　　　　　　　　　　　　　　　Col San Martino

Where the glaciers did not act, the marine groundwater have remained unchanged, shallow and more filtering. There was therefore a coexistence of many different types of terrain, but also a different shape of the hills, steeper and completely exposed to the South in the Valdobbiadene area. All soil, slope and exposure combinations make each area different, as it is denoted by the Rive and Cartizze types.

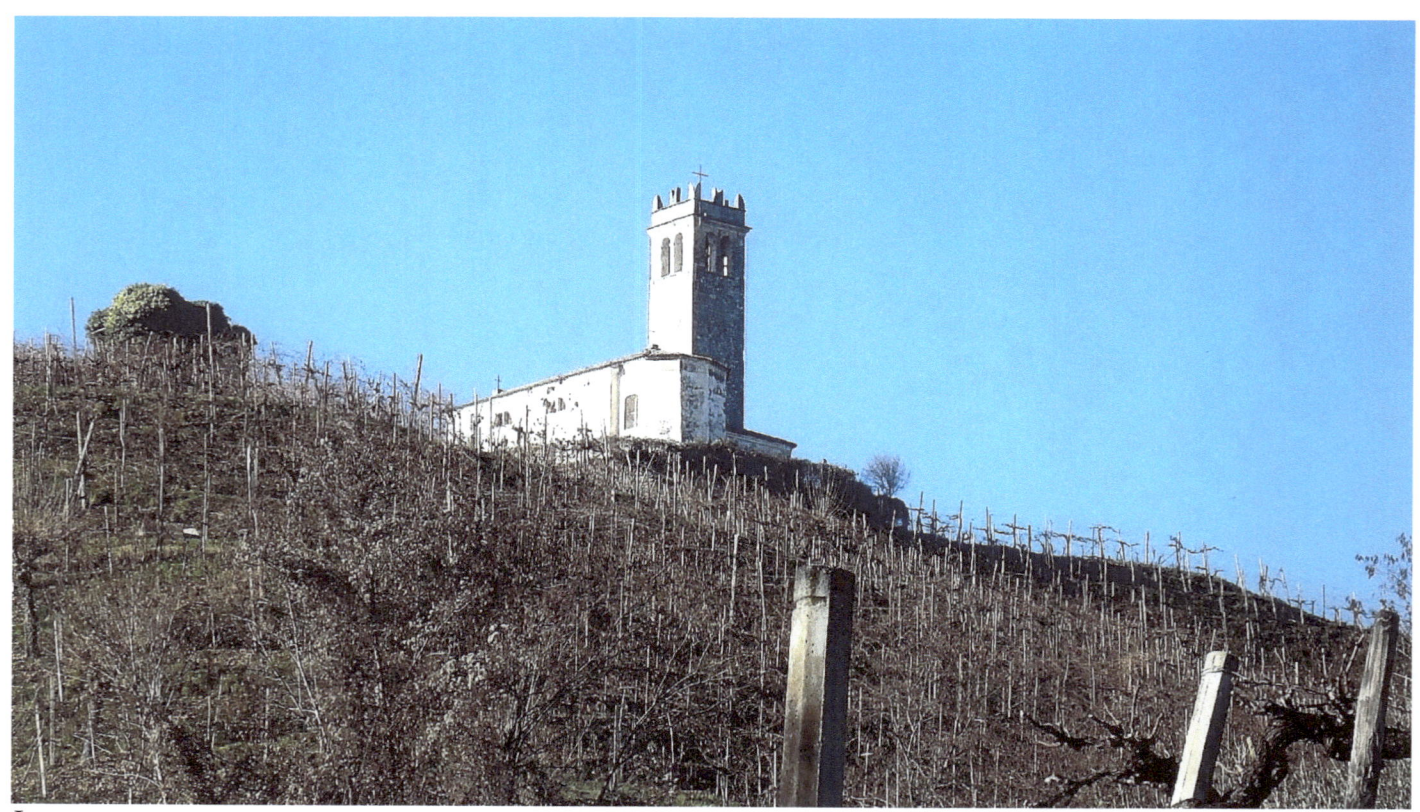

January — Col San Martino, St. Lorenzo little Church

Dove i ghiacciai non hanno agito, i suoli di origine marina si sono mantenuti inalterati, poco profondi e più filtranti. Si è determinata pertanto una coesistenza di molti tipi di terreni diversi, ma anche una diversa conformazione delle colline, più ripide e completamente esposte a sud nell'area di Valdobbiadene. Tutte le combinazioni di suolo, pendenza ed esposizione rendono ogni zona diversa, come si denota grazie alle tipologie Rive e Cartizze.

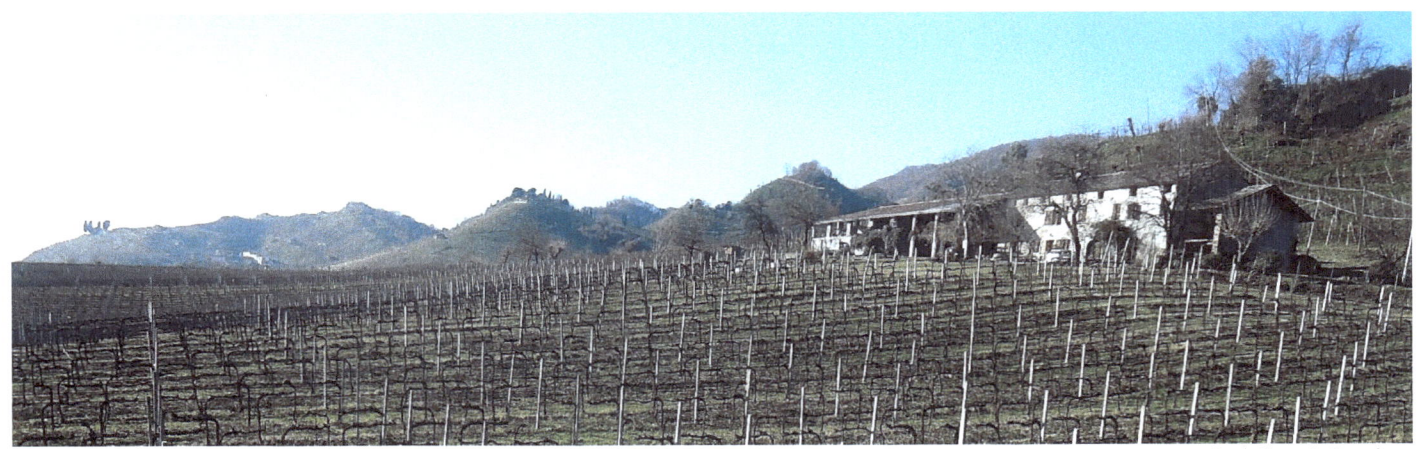

January   Col San Martino

Already in Roman times, the grapes of Glera, originally cultivated in locality Prosecco, on the karst hills of Trieste, gave rise to a wine called Puccino. Throughout the centuries Prosecco's production was completely forgotten by the winegrowers of Trieste and Friulian Collio, developing instead along the Venetian hills, particularly in the Treviso province in the Conegliano and Asolo areas.

In the eighteenth century the Glera cultivation had developed throughout the Venetian-Friulian hills and in these territories at the beginning of the twentieth century the Prosecco was born that we know today when industry enthusiasts made it possible in a few decades to produce Prosecco DOC. To the Conegliano Veneto enological school, which perfected the production method of Prosecco, it is owed the development in the area of production of a specific technical and scientific competence.

The grapes destined for the production of Prosecco DOC originate mainly from the **Glera**, an indigenous white grape vine of north-eastern Italy, hazel color shoots and large bunches and long, with yellow-golden grapes. Its cultivation, besides the vertical orientation of sprouts and the elimination of the ones in excess, also envisages interventions of topping and binding to obtain a microclimate suitable for the accumulation of aromatic substances on the berry. Along with the Glera, other varieties are used up to a total of 15%: Verdiso, Bianchetta Trevigiana, Chardonnay, Pinot Bianco, Pinot Grigio and Pinot Nero, vinified in white.

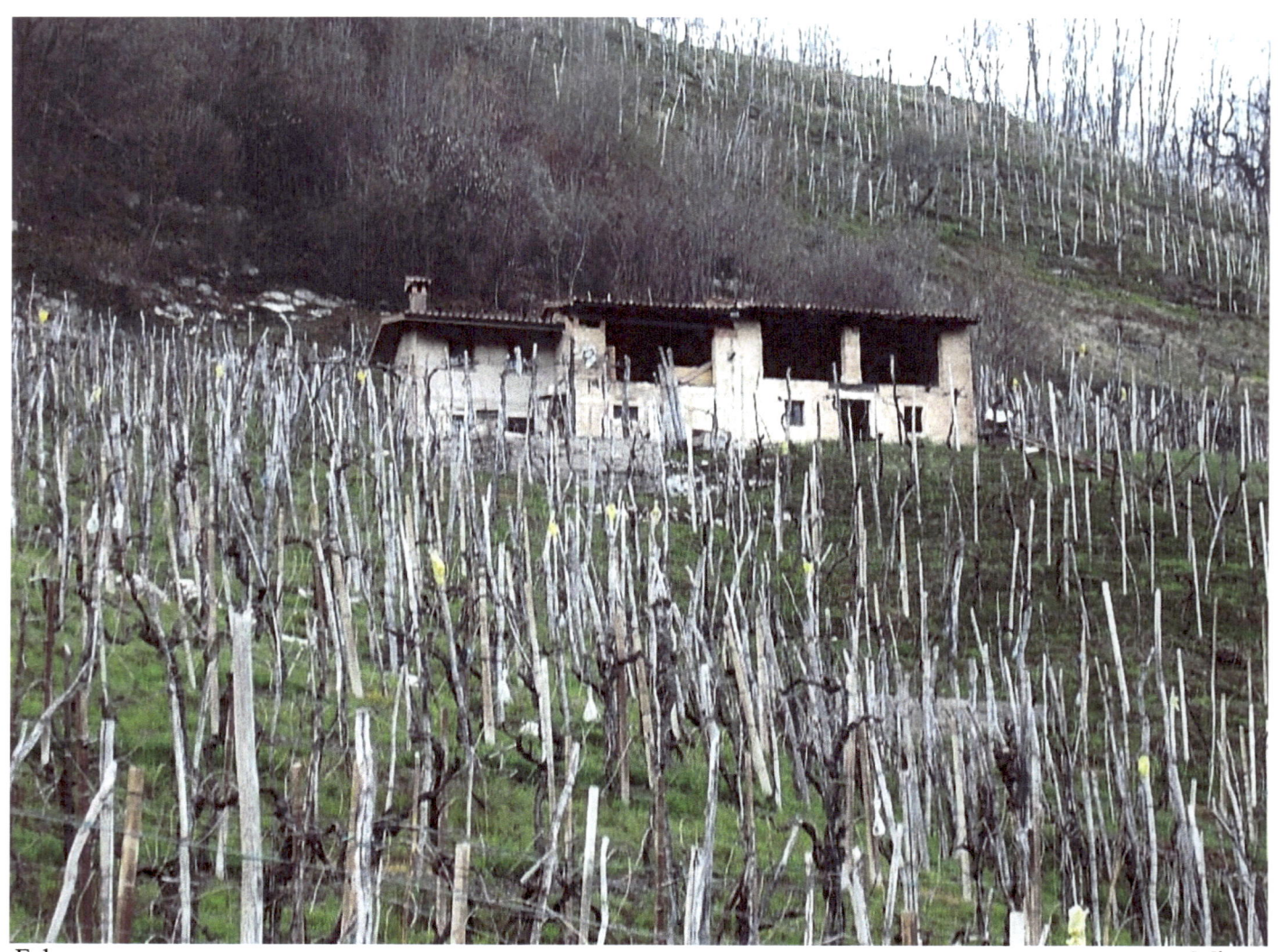

February — Miane

Già in epoca romana le uve del Glera, vitigno coltivato inizialmente nella località Prosecco, sulle colline carsiche triestine, davano origine a un vino che chiamavano Puccino. Nel corso dei secoli la produzione del Prosecco venne completamente dimenticata dai viticoltori del Carso triestino e del Collio friulano, sviluppandosi invece lungo le colline venete, in particolare nella provincia di Treviso nelle zone di Conegliano e Asolo.

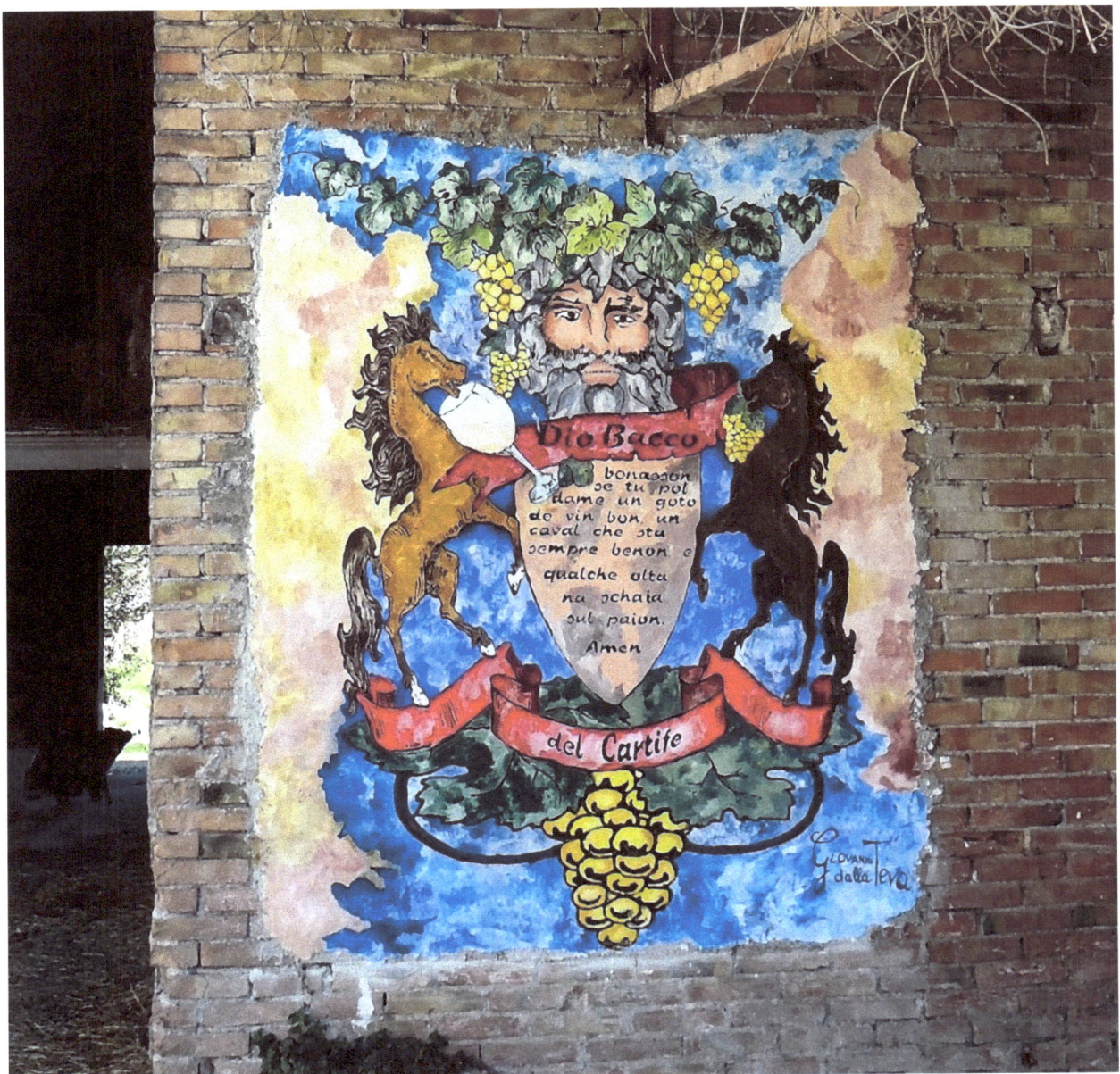

March — Santo Stefano

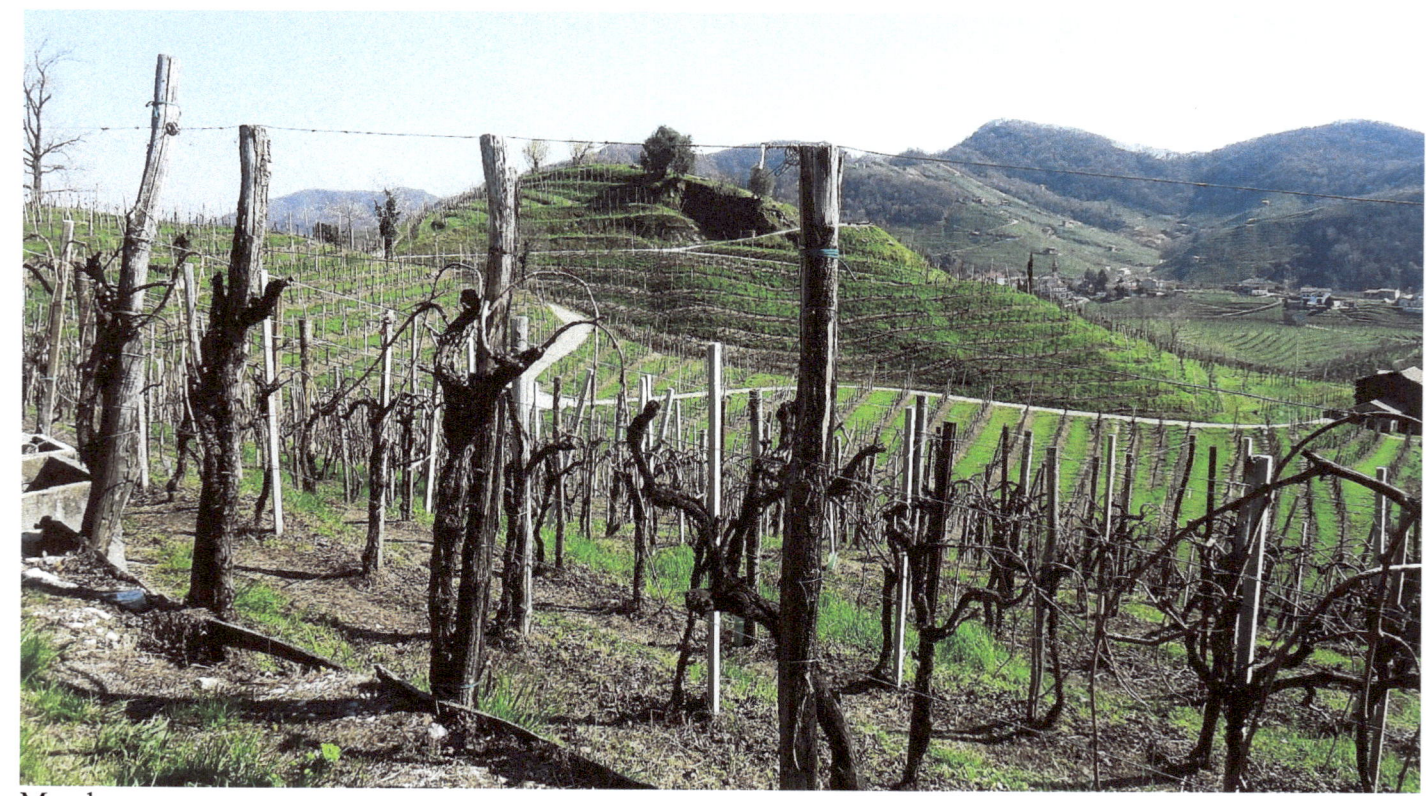

March — Santo Stefano

Nel diciottesimo secolo la coltivazione del Glera si era sviluppata in tutta la fascia collinare veneto-friulana e in questi territori a inizio Novecento è nato il Prosecco che conosciamo oggi, quando gli appassionati del settore hanno reso possibile nel volgere di pochi decenni la produzione del Prosecco Doc. Alla scuola enologica di Conegliano Veneto, che ha perfezionato il metodo di produzione del Prosecco, si deve lo sviluppo nell'area di produzione di una specifica competenza tecnica e scientifica.

Le uve destinate alla produzione del Prosecco DOC provengono principalmente dal Glera, un vitigno a bacca bianca autoctono dell'Italia nord orientale, tralci color nocciola e grappoli grandi e lunghi, con acini giallo-dorati. La sua coltivazione prevede, oltre all'orientamento verticale dei germogli e all'eliminazione di quelli in soprannumero, anche interventi di cimatura e legatura per ottenere un microclima adatto all'accumulo di sostanze aromatiche sulla bacca. Insieme al Glera vengono utilizzate altre varietà fino a un massimo complessivo del 15%: Verdiso, Bianchetta Trevigiana, Chardonnay, Pinot Bianco, Pinot Grigio e Pinot Nero vinificato in bianco.

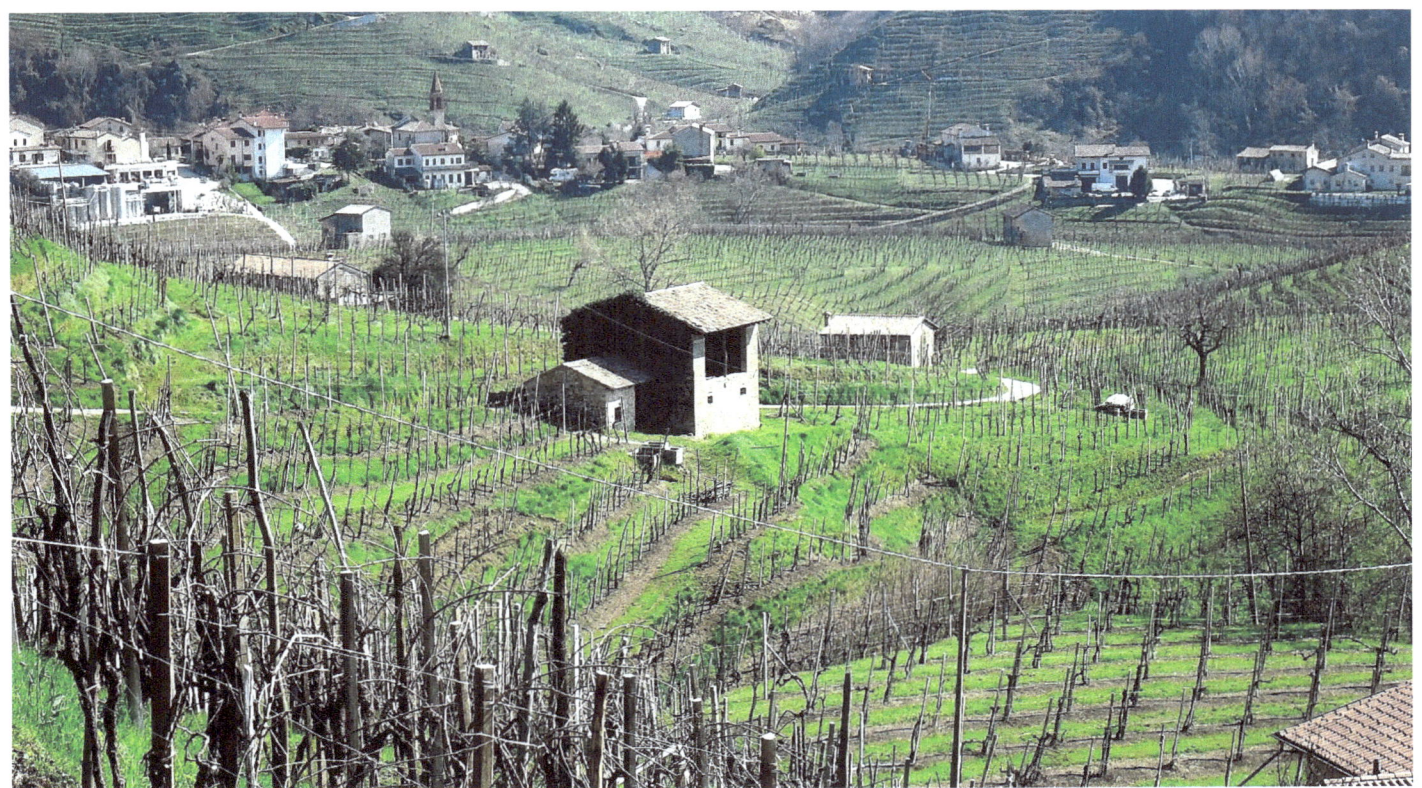

March   Santo Stefano

Until 2009, the name "prosecco" indicated a vine and not a production area, thus making every form of protection ineffective. Therefore, to preserve the designation of origin, it was necessary to specify the vine from the wine differently. Consequently, with the establishment of the DOCG Prosecco of Conegliano-Valdobbiadene, which requires special protection, the name "Glera" was officially adopted to identify the production vine and not confuse it with the wine produced.

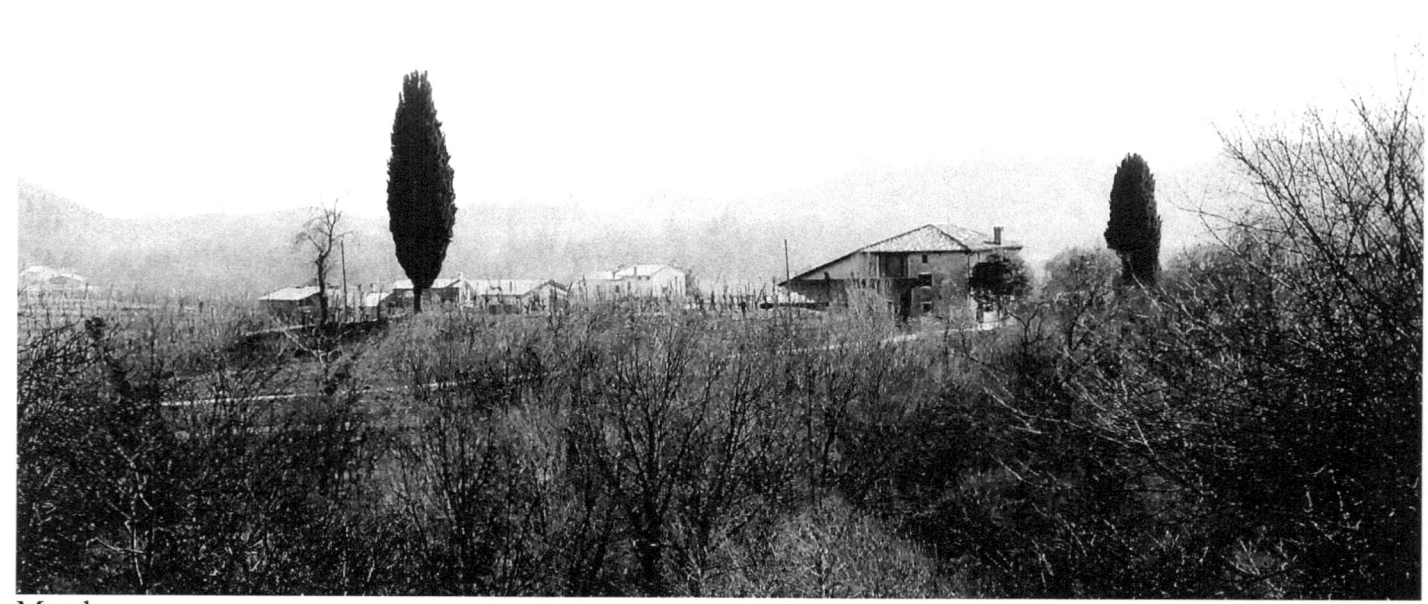

March Santo Stefano

Sino al 2009 il nome "prosecco" indicava un vitigno e non una zona di produzione, rendendo inefficace così ogni forma di tutela. Pertanto per tutelare la denominazione di origine fu necessario specificare diversamente il vitigno dal vino. Di conseguenza con l'istituzione della DOCG Prosecco di Conegliano-Valdobbiadene, che necessita di una particolare tutela, è stato adottato in via ufficiale il nome "Glera" per identificare il vitigno di produzione e non confonderlo con il vino prodotto.

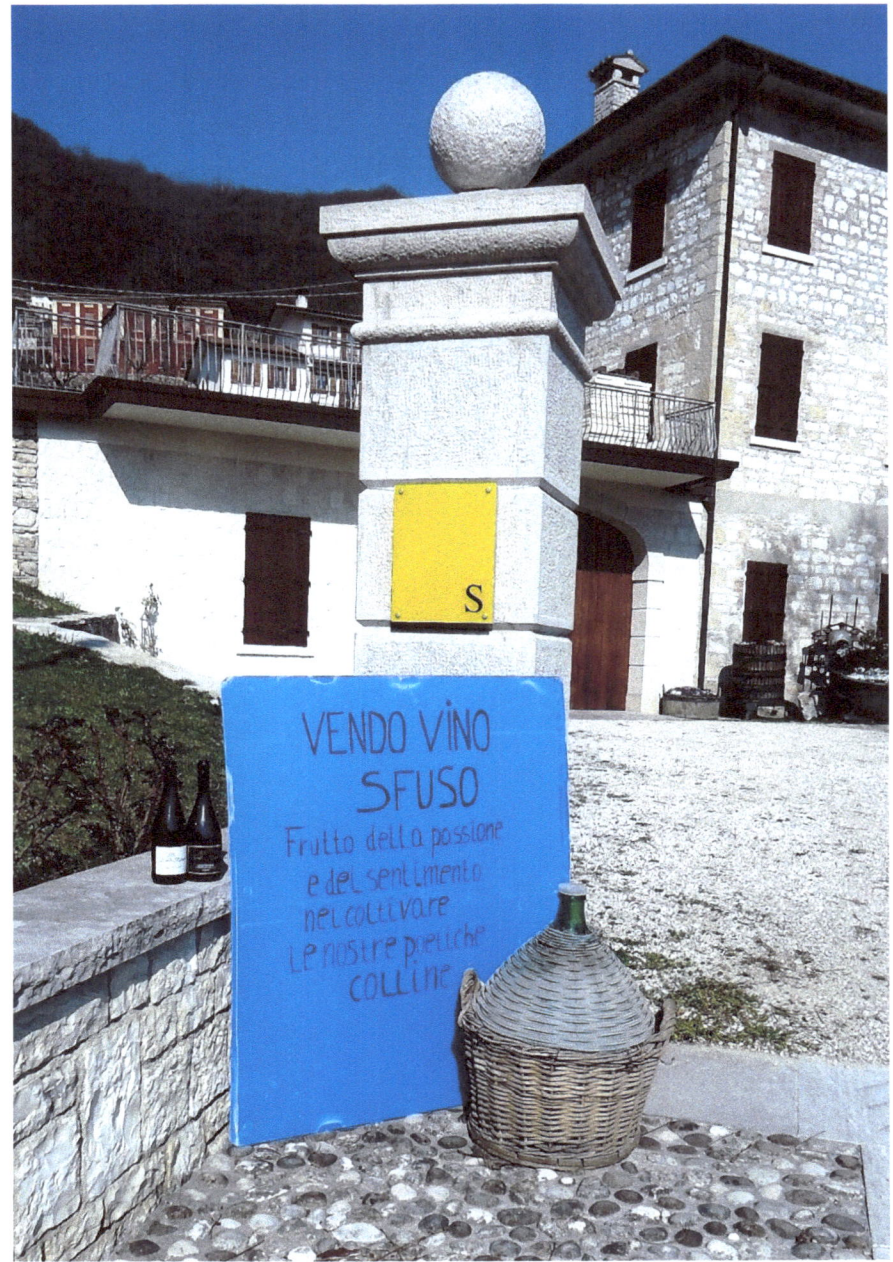

March   Santo Stefano

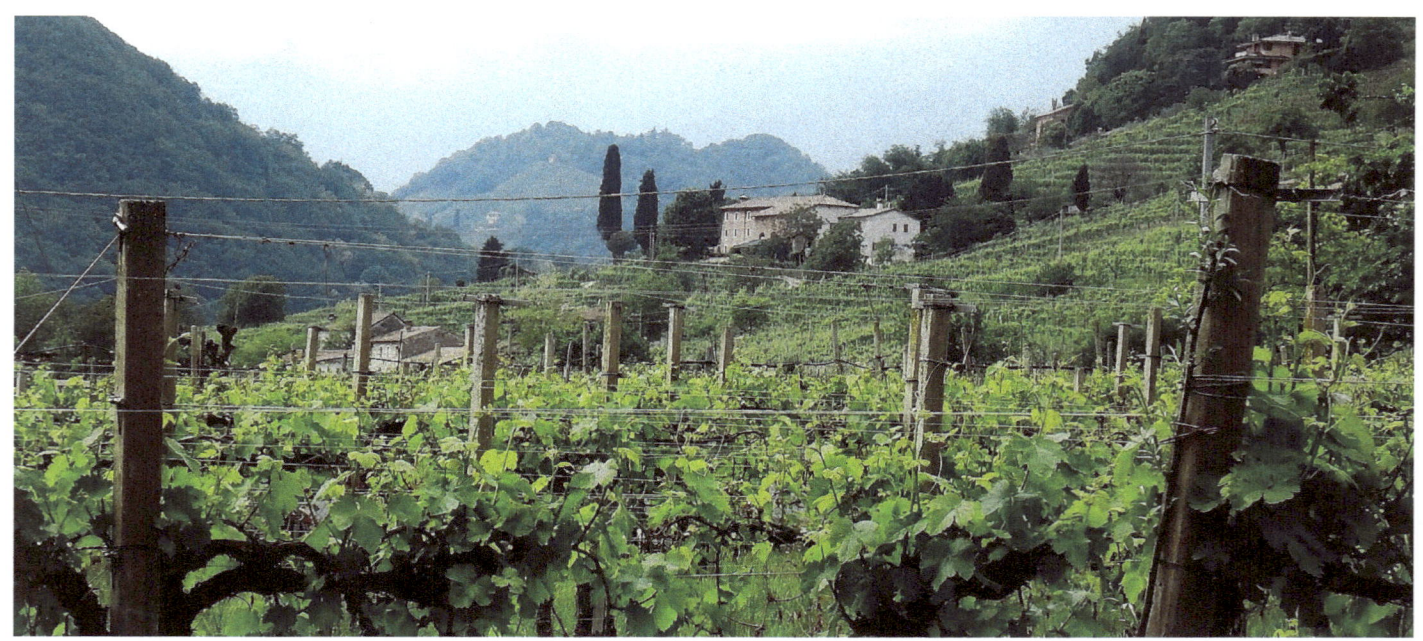

May   Solighetto

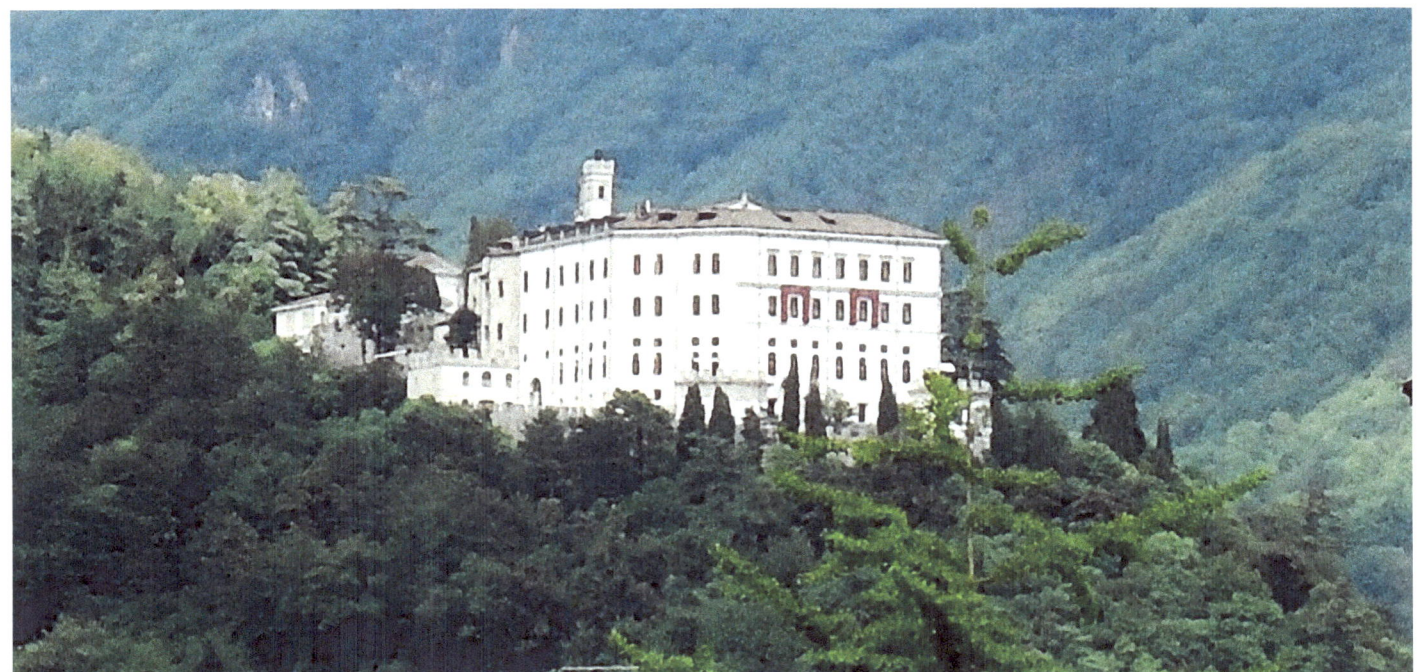

May   Cison di Valmarino, the Castelbrando Palace

Grape harvesting takes place in the first weeks of September, when organoleptic maturity (sugars, acidity and aromatic substances) is optimal for the production of sparkling and semi-sparkling Prosecco DOC. It is a delicate operation because it is necessary to preserve the integrity of the grapes and spontaneous fermentation must be avoided. After harvesting the grape the first operation is pressing, where the grapes are separated from the stalks and then pressed.

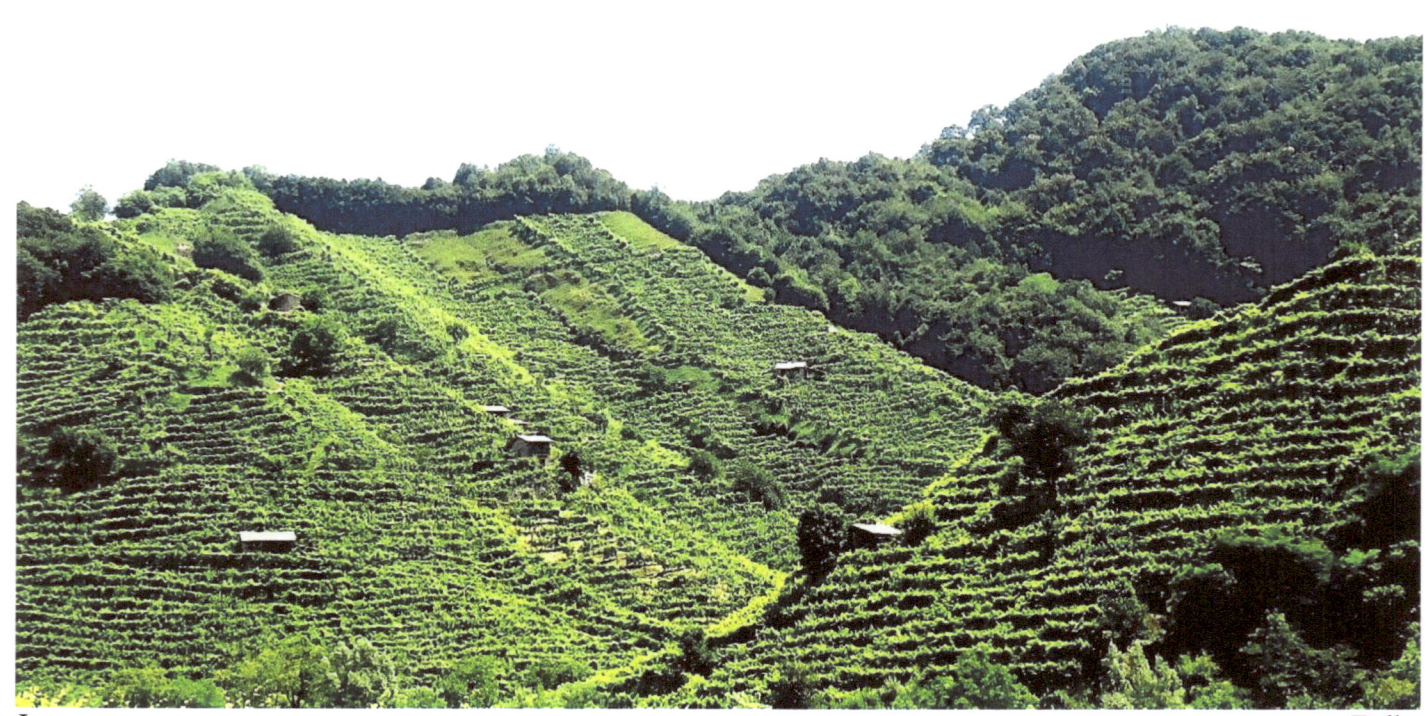

June   Follo

La vendemmia delle uve avviene nelle prime settimane di settembre, quando la maturità organolettica (zuccheri, acidità e sostanze aromatiche) è ottimale per la produzione di spumanti e frizzanti Prosecco DOC. E' un'operazione delicata perchè bisogna conservare l'integrità degli acini e vanno evitate fermentazioni spontanee. Dopo la raccolta dell'uva la prima operazione è la pigiatura, dove gli acini vengono separati dai raspi e passano poi alla pressatura.

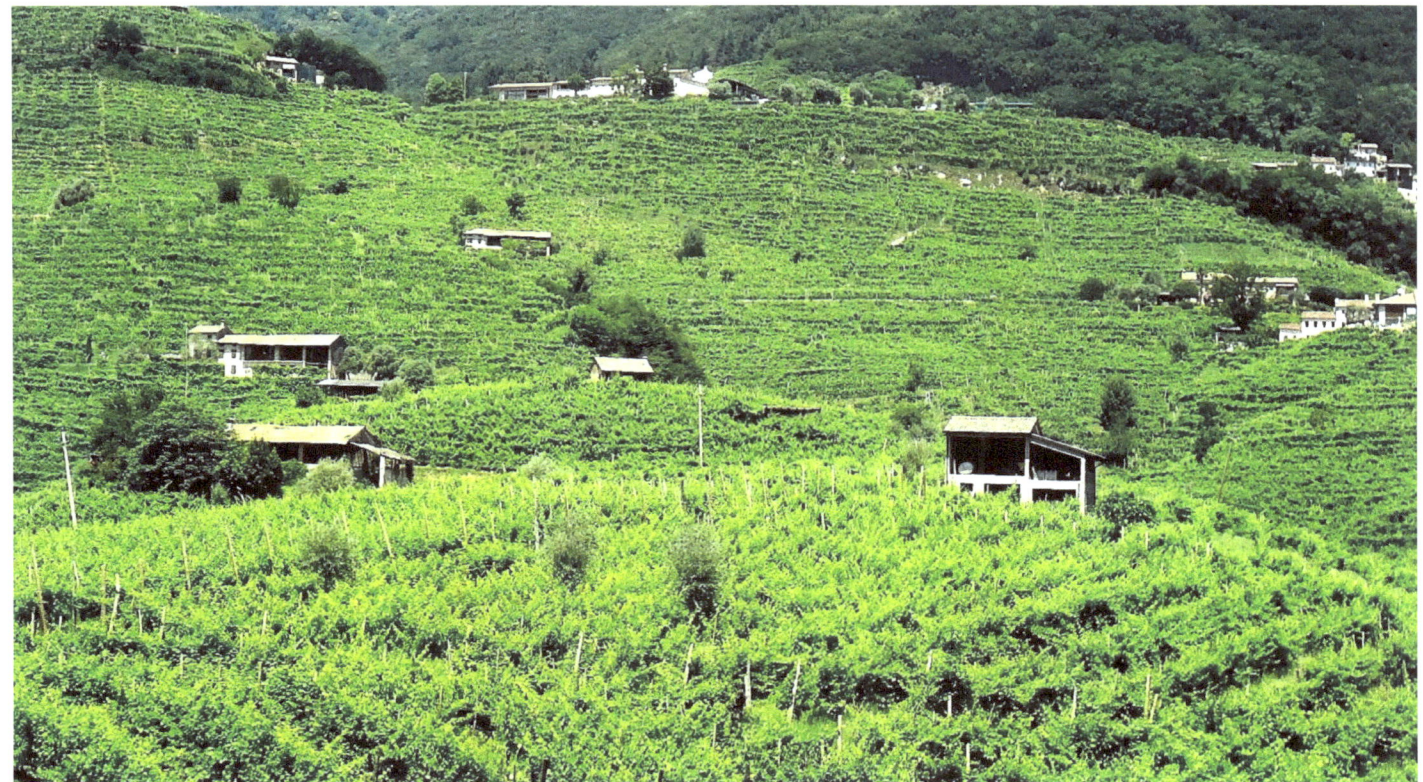

June   Follo

Vinification occurs in white: it means that the grape juice is fermented without skins with selected yeasts, which transform the sugars in the grapes into alcohol and carbon dioxide. Fermentation due to yeasts lasts about 15/20 days at a temperature not exceeding 18° C to preserve the more delicate scents of the starting grapes.

After fermentation it begins the maturation period where the decanting and filtration operations are carried out to obtain the clear wine. At this point, the Prosecco Tranquillo is bottled while the Frizzante and Spumante go to the last stage, the distinctive one of Prosecco: the natural re-fermentation.

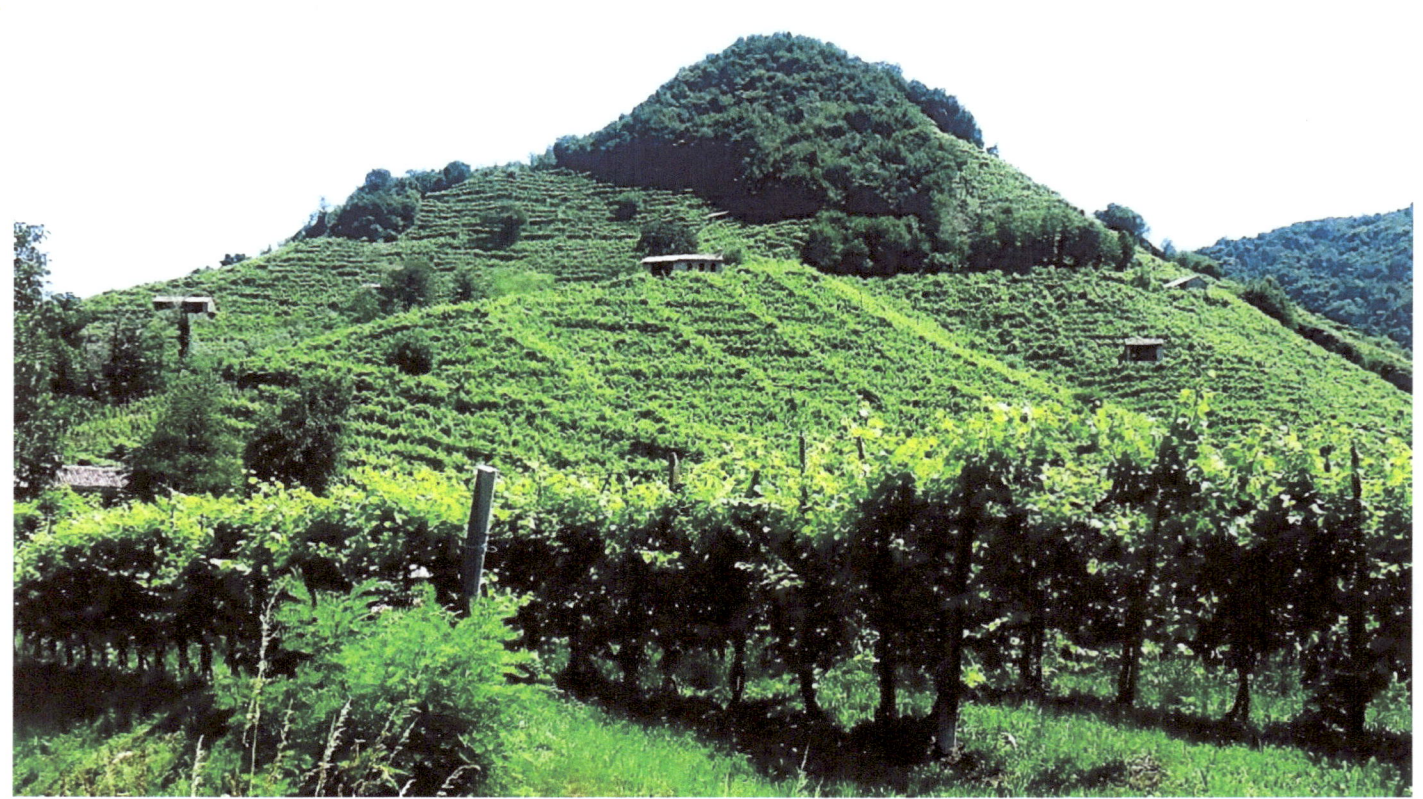

June Guia

La vinificazione avviene in bianco: significa che il succo d'uva viene fatto fermentare senza le bucce con lieviti selezionati, i quali trasformano gli zuccheri presenti nell'uva in alcol e anidride carbonica. La fermentazione dovuta ai lieviti dura circa 15/20 giorni a una temperatura non superiore ai 18°C per preservare i profumi più delicati dell'uva di partenza.

Dopo la fermentazione inizia il periodo di maturazione dove vengono svolte le operazioni di travaso e filtrazione per ottenere il vino limpido. A questo punto il Prosecco Tranquillo viene imbottigliato, mentre il Frizzante e lo Spumante passano all'ultima fase, quella distintiva del Prosecco: la rifermentazione naturale.

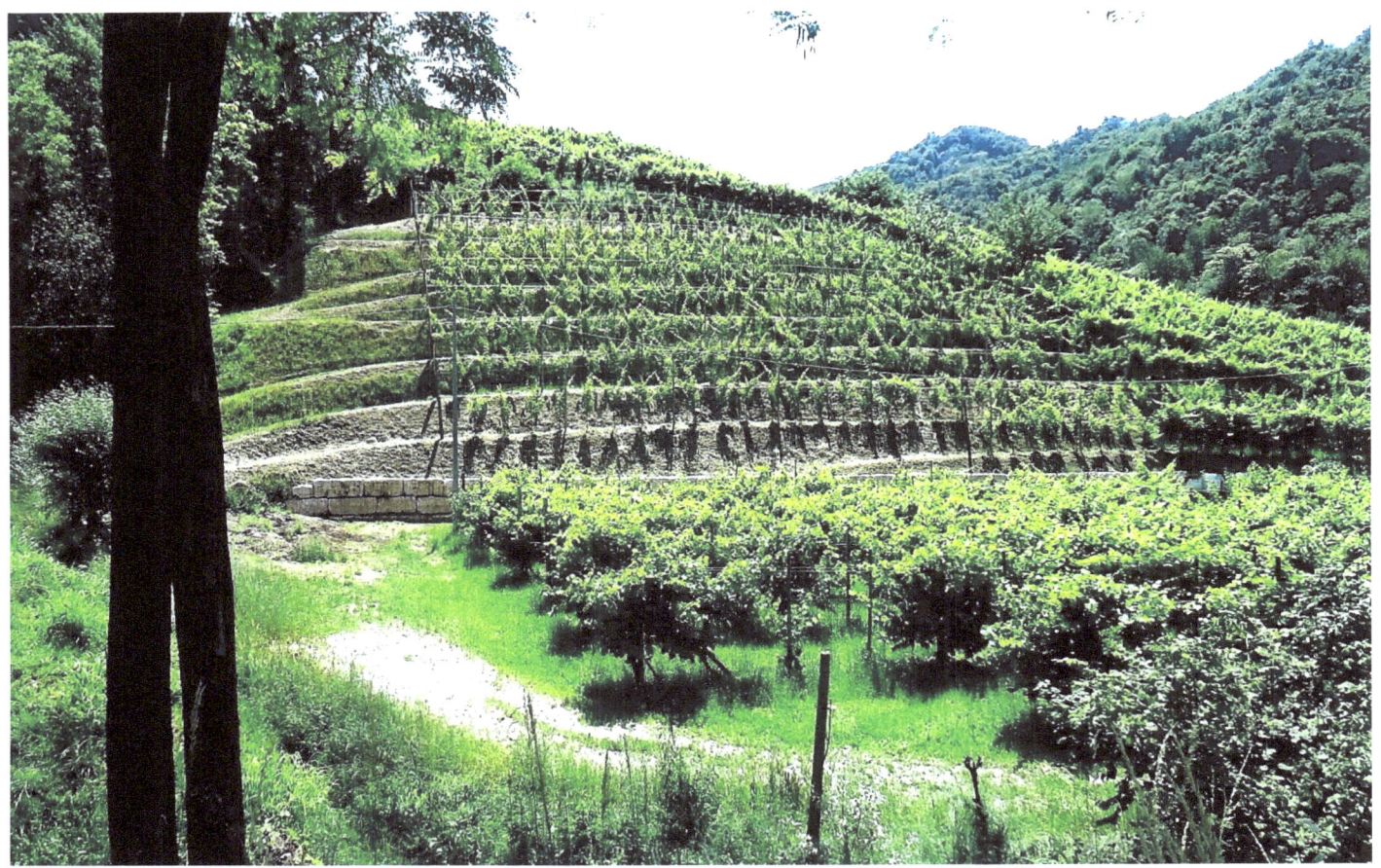
June Guia

The sparkling process with **Martinotti's method** was invented by the Piedmontese enologist Federico Martinotti (Villanova Monferrato, 1860 - 1924) in 1895 and allows sparkling and semi-sparkling wines to be obtained through the natural fermentation of wine into large watertight vessels, called autoclaves. This method was then adopted by the French Eugène Charmat who patented in 1910 the specific equipment. It is here where the wine acquires the famous bubbles.

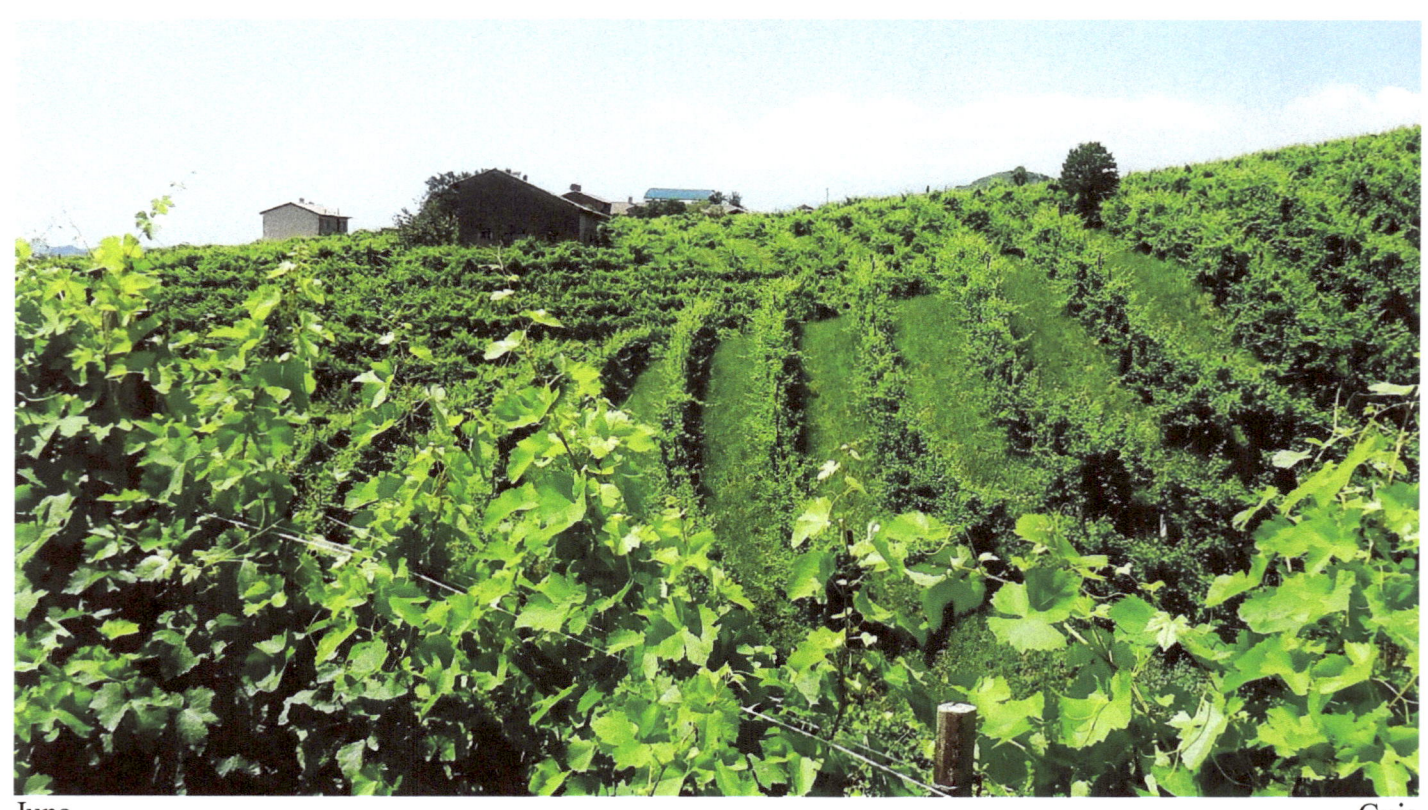

June　　　　　　　　　　　　　　　　　　　　　　　　　　　　　　　　　　　Guia

*La spumantizzazione con **metodo Martinotti** è stata inventata dall'enologo piemontese Federico Martinotti (Villanova Monferrato, 1860 - 1924) nel 1895 e permette di ottenere vini spumanti e frizzanti grazie alla rifermentazione naturale del vino in grandi recipienti a tenuta stagna, detti autoclavi. Tale metodo venne poi adottato dal francese Eugène Charmat che brevettò nel 1910 le specifiche attrezzature. È qui che il vino acquista le famose bollicine.*

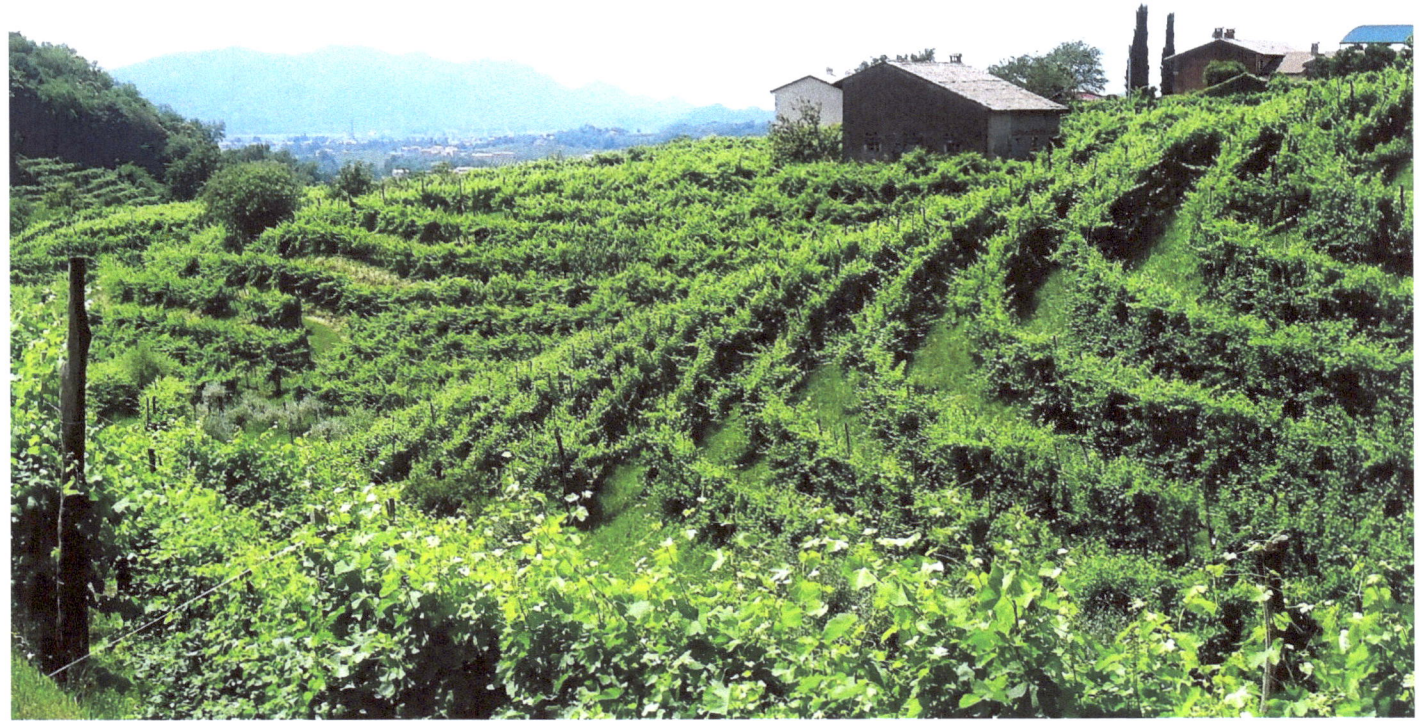
June   Guia

The chemist and enologist Antonio Carpenè (Brugnera-TV, 1838 - Conegliano-TV, 1902), one of founders of the Conegliano Enological School in 1876, was the first to adopt this method for producing Prosecco Spumante with the characteristics that everyone knows today. Earlier, to the production of these wines, the **classic method** was used, with bottle re-fermentation.

Towards the end of the sparkling process, which lasts for at least 30 days, the fermentation is slowed down by lowering the temperature appropriately to leave a sugar residue that guarantees the right equilibrium for the wine. The bubbles, or perlage, derive from the transformation of the sugar present in the wine during the sparkling process.

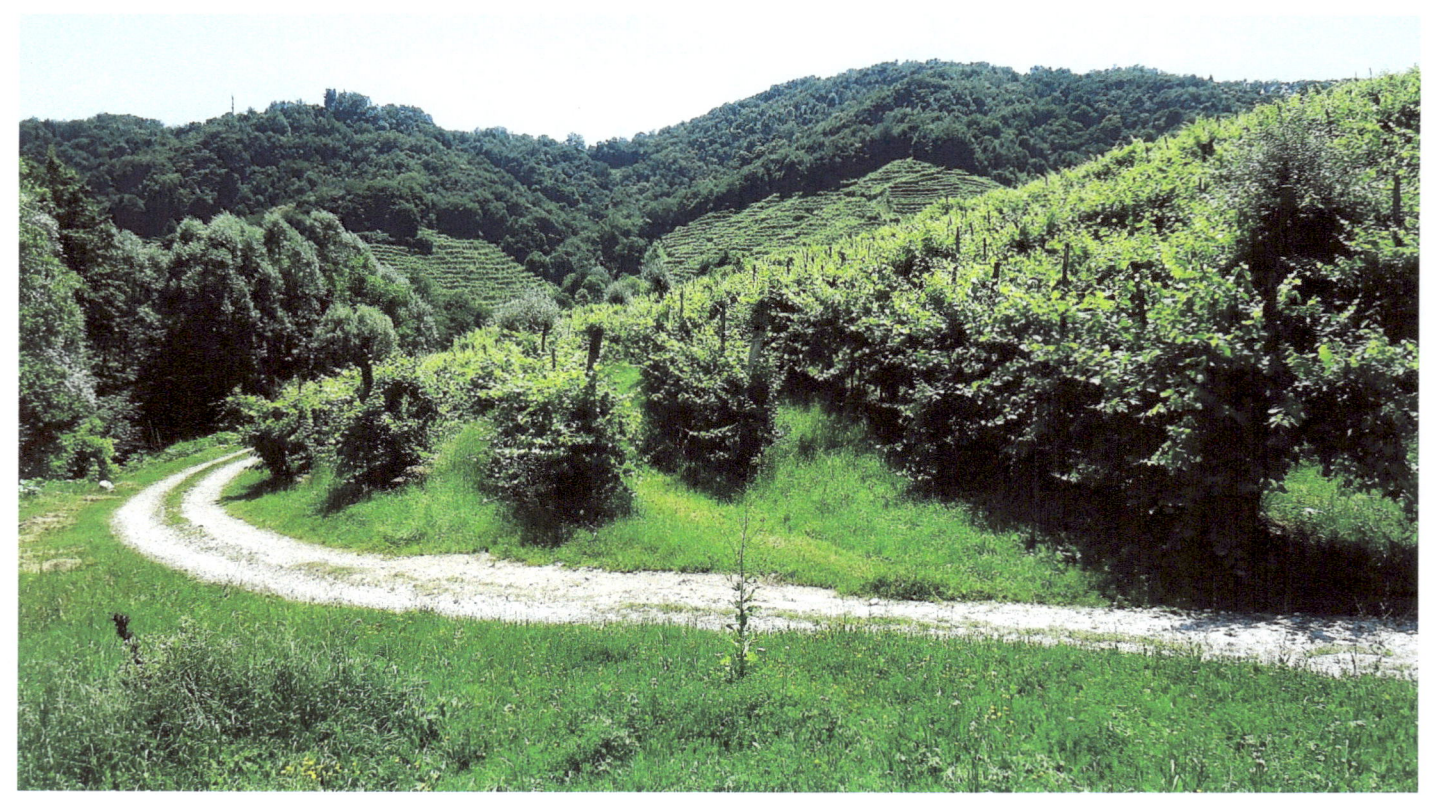

June   Guia

Il chimico ed enologo trevigiano Antonio Carpenè (Brugnera, 1838 – Conegliano, 1902), uno dei fondatori della Scuola Enologica di Conegliano nel 1876, fu il primo ad adottare questo metodo per la produzione di Prosecco Spumante con le caratteristiche che oggi tutti conoscono. Prima per la produzione di questi vini era utilizzato il **metodo classico***, con la rifermentazione in bottiglia.*

Verso la fine della spumantizzazione, che dura minimo 30 giorni, si rallenta la fermentazione abbassando opportunamente la temperatura, per lasciare un residuo zuccherino che garantisca al vino il giusto equilibrio. Le bollicine, o perlage, derivano dalla trasformazione dello zucchero presente nel vino durante la spumantizzazione.

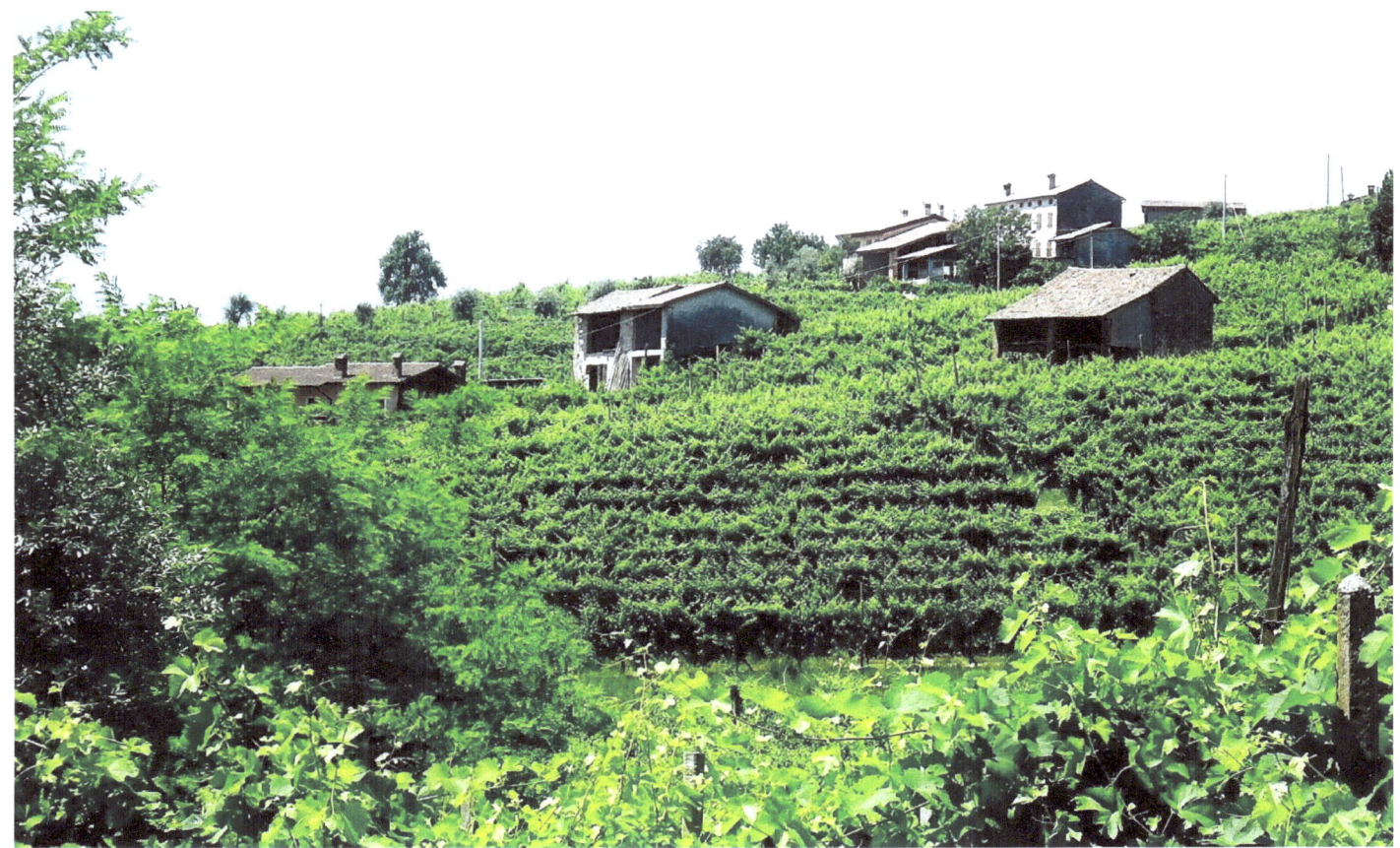
June Guia

Prosecco is a young, light and aromatic drink, perfect for all occasions. It is best to consume it within the following year of harvest. Prosecco is served at a temperature of about 6-8 degrees and has be served in a rather ample tulip chalice.

Three types of Prosecco are distinguished:
Prosecco Spumante, with a minimum of 11.00% vol.
Prosecco Frizzante, with a minimum of 9% vol.
Prosecco as such (or Tranquillo) with a minimum of 10.50% vol.
In all cases it is a straw-yellow wine with a fine smell and a fresh flavor.
The sparkling variant may result from extra-dry to dry, while the others are only dry.

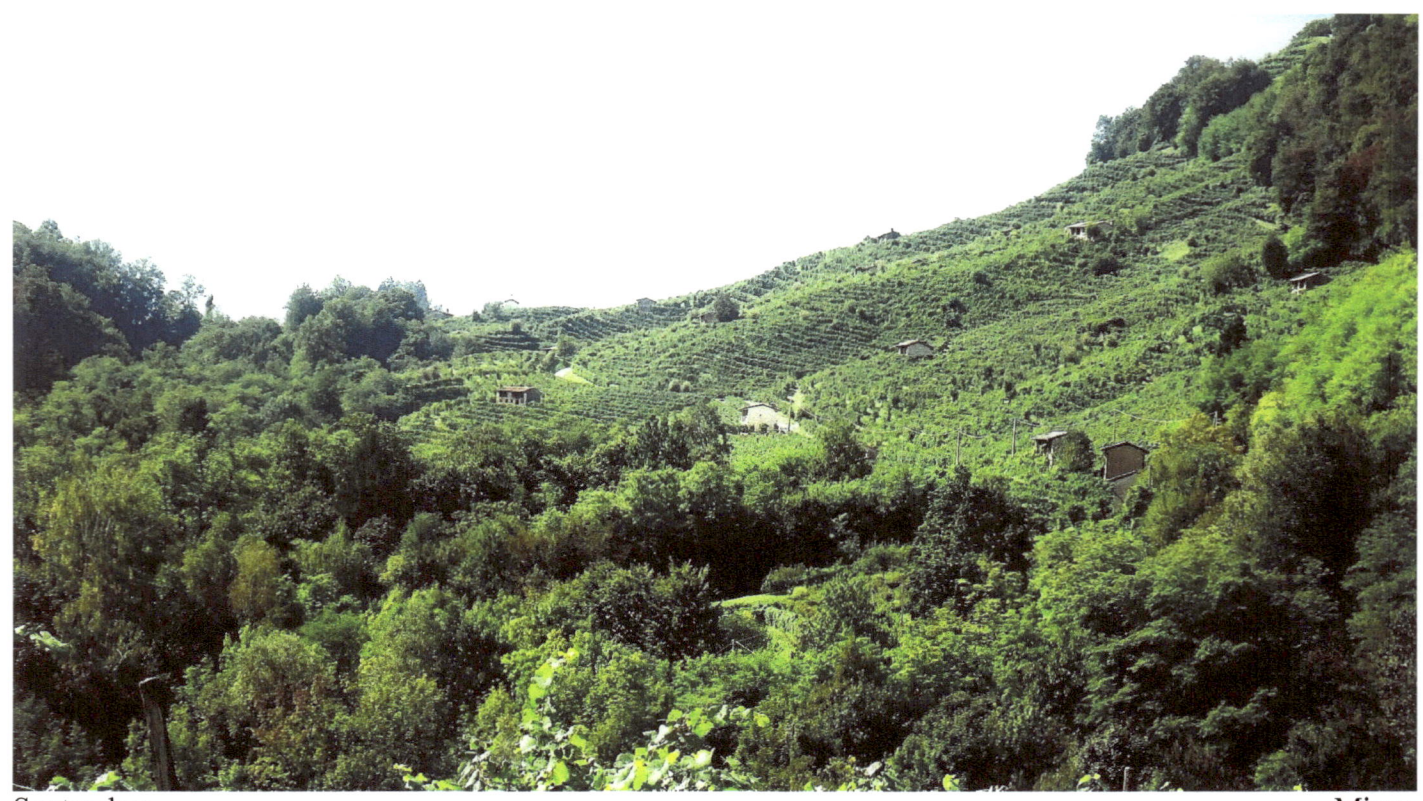

September Miane

Il Prosecco è un vino da bere giovane, leggero e aromatico, perfetto per tutte le occasioni. È preferibile consumarlo entro l'anno successivo a quello di vendemmia. Il Prosecco va servito alla temperatura di circa 6-8 gradi e si serve in un calice a tulipano piuttosto ampio.

Si distinguono tre tipologie di Prosecco:
il Prosecco Spumante, con un minimo di 11,00% vol.
il Prosecco Frizzante, con un minimo di 9% vol.
il Prosecco propriamente detto (o Tranquillo), con un minimo di 10,50% vol.
In tutti i casi si tratta di un vino dal colore giallo paglierino, dall'odore fine e dal sapore fresco.
La variante spumante può risultare da extra-dry a dry, mentre le altre sono secche.

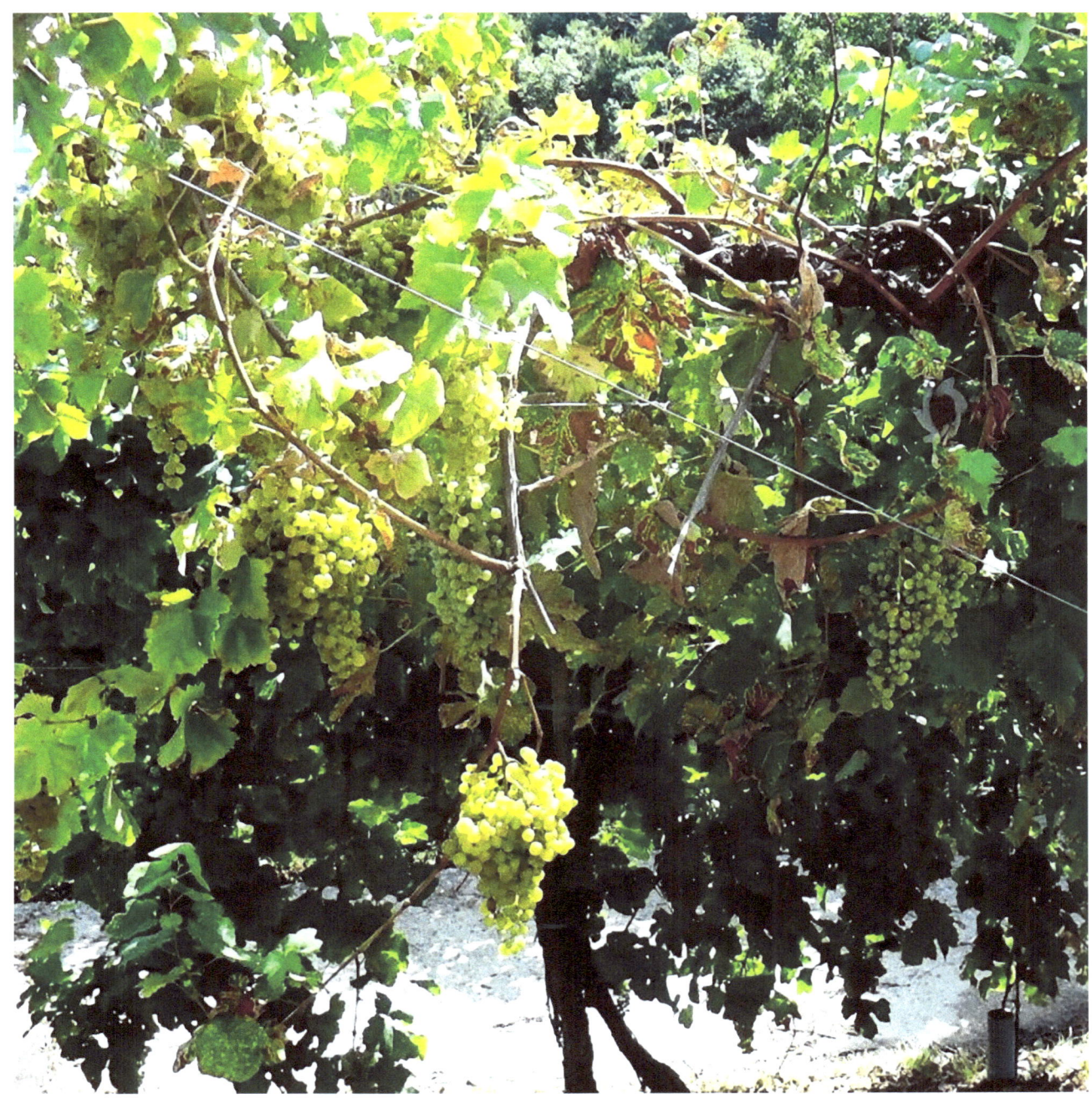

September

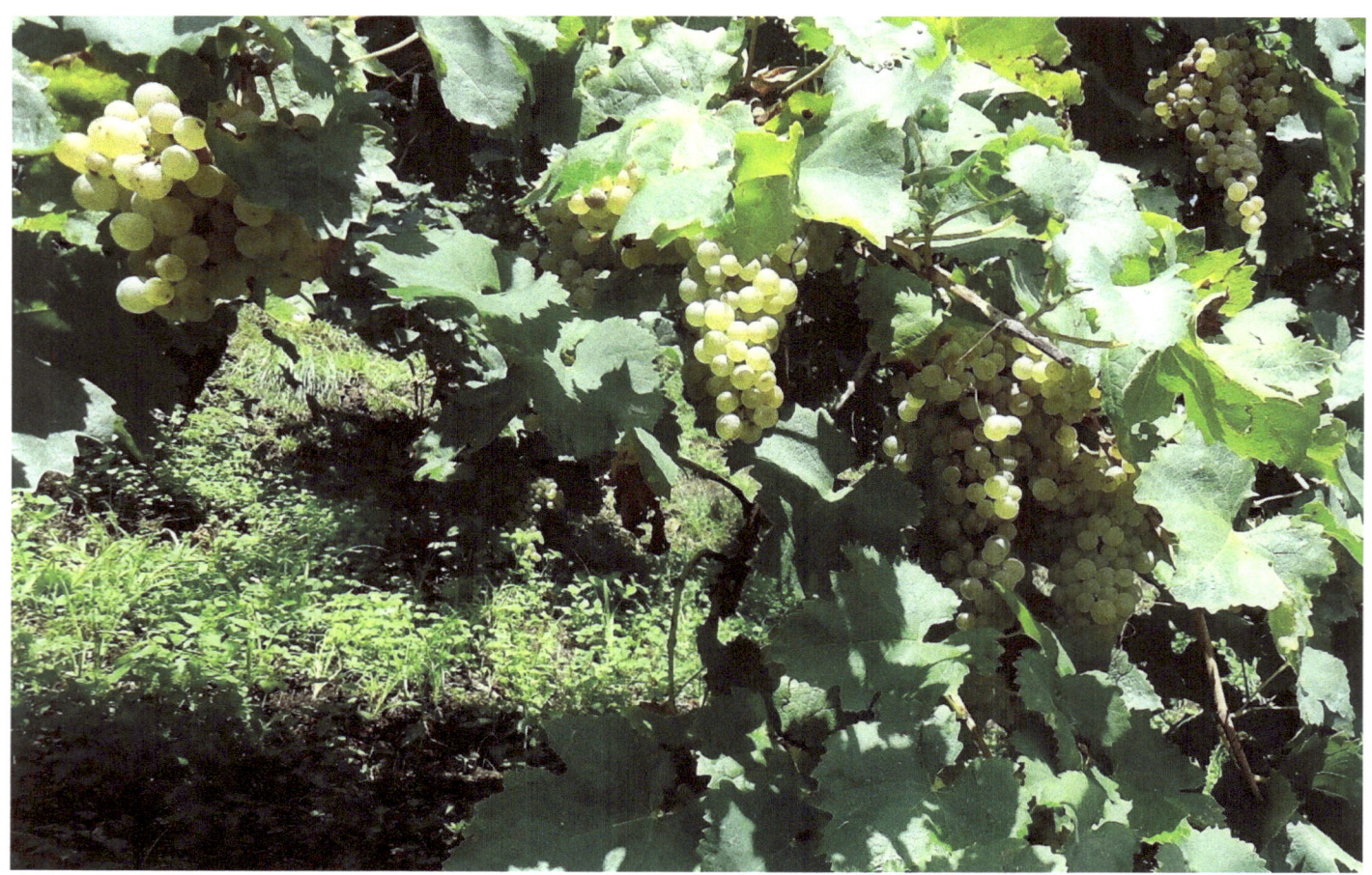
September

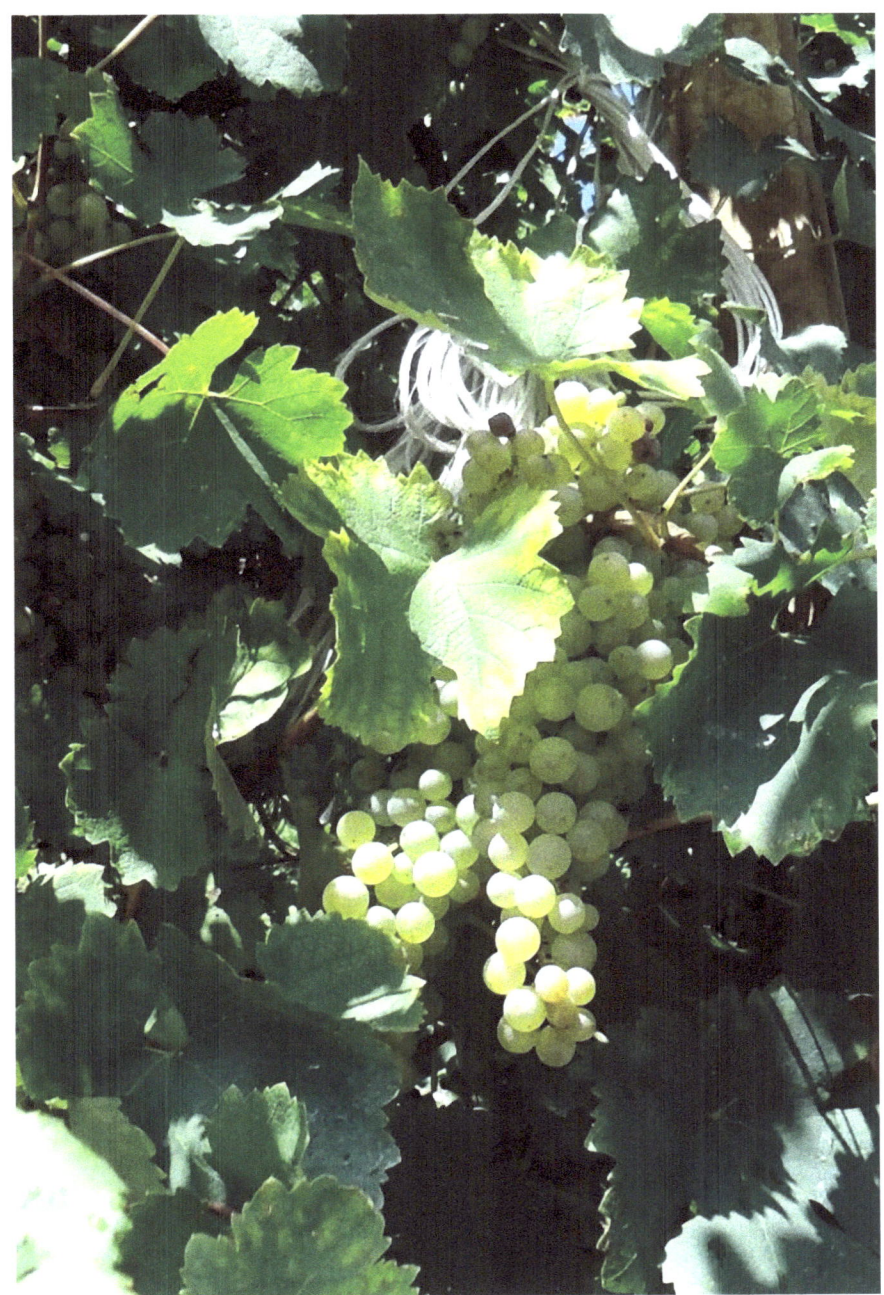

September

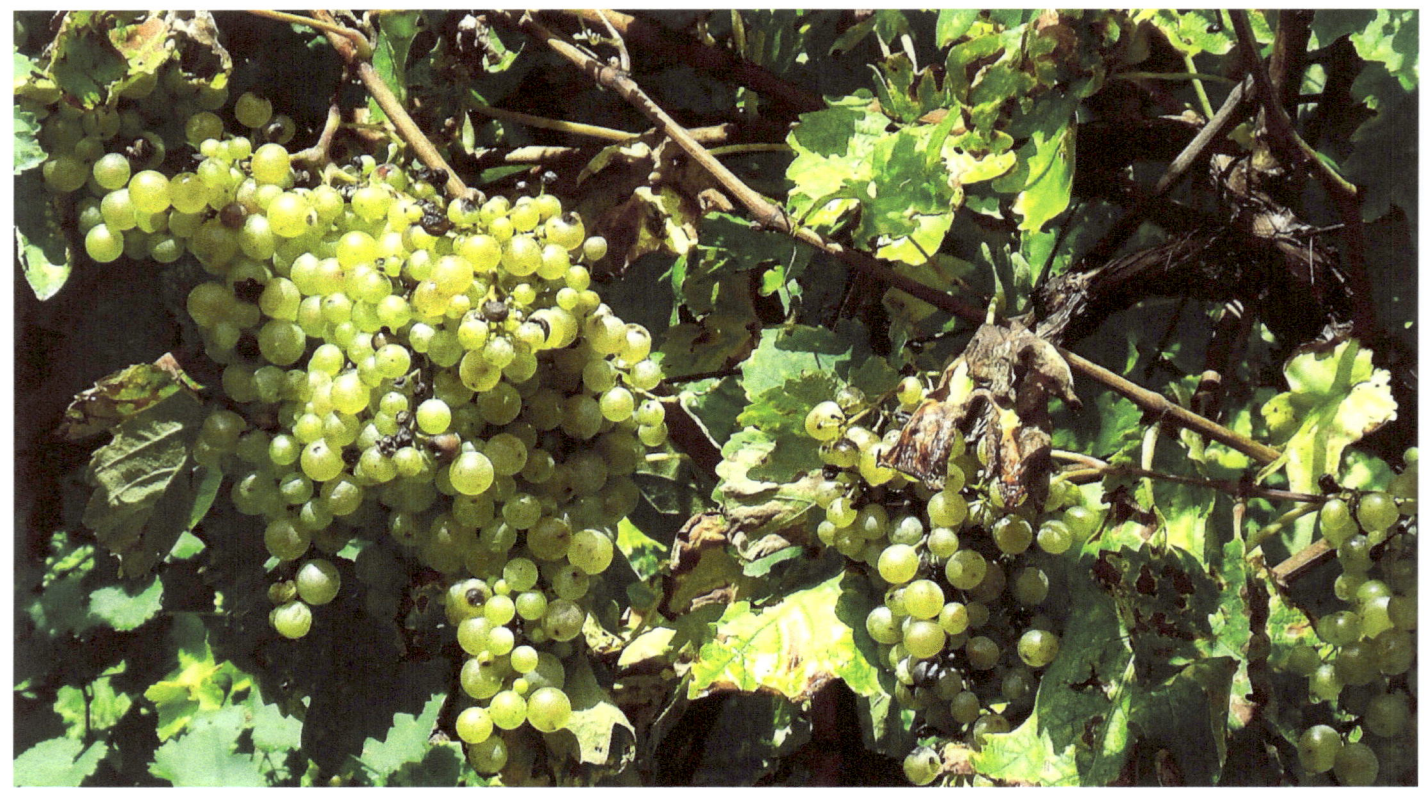
September

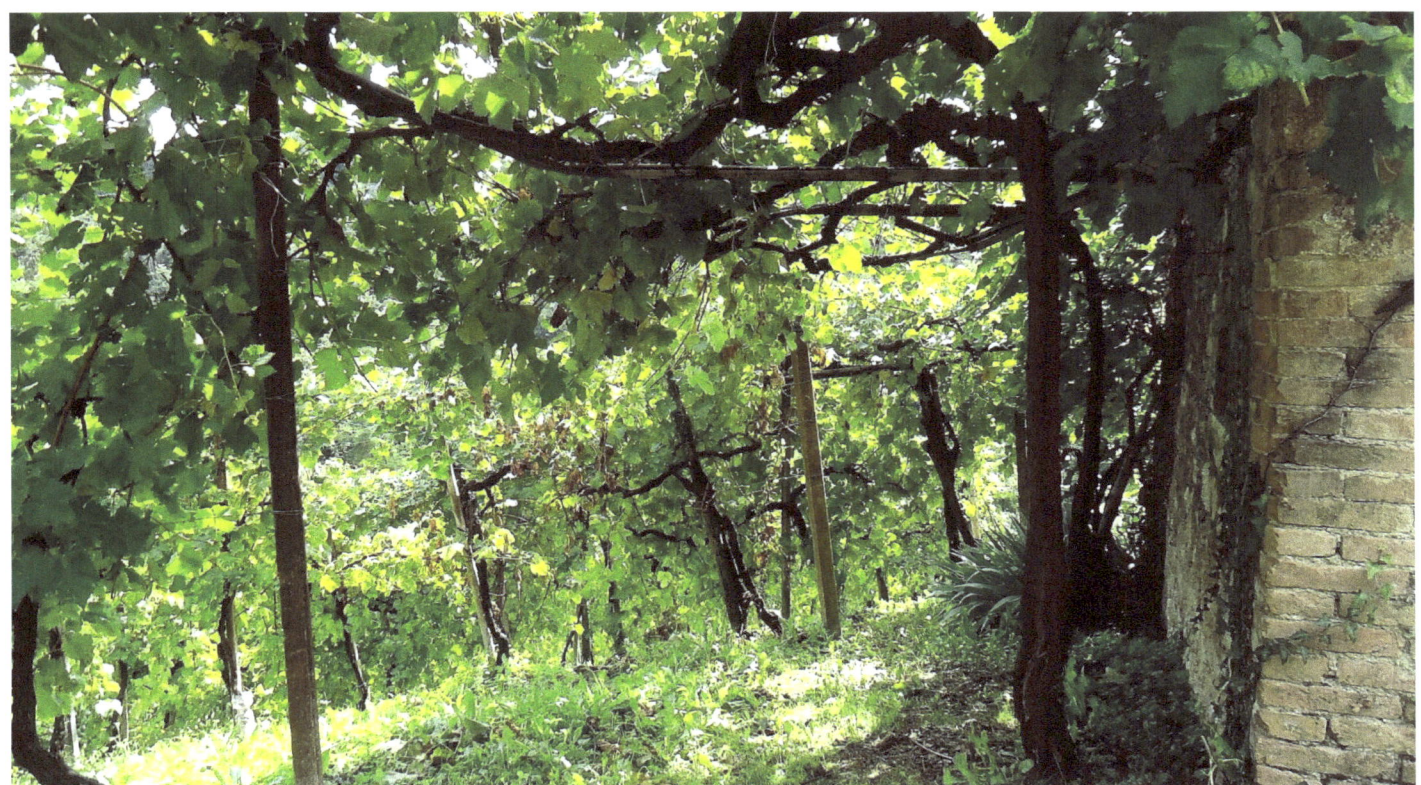

September

The extraordinary success achieved by Prosecco since the end of the Second World War created a series of imitation attempts: Prosecco wines were produced in South America ("Prosecco Garibaldi" in Brazil), Croatia ("Prošek"), Australia ("Prosecco Vintage") and more. Thus becoming urgent a legislative regulation that contained the phenomenon and since was prohibited by international standards to protect the name of a vine (it was in fact used to call "Prosecco" the vine producer of the wine), it was necessary to reconnect the production of Veneto with the name of the original town of Prosecco (the homonymous locality near Trieste), at the same time restoring the ancient names of vines: "Glera" and "Glera lungo".

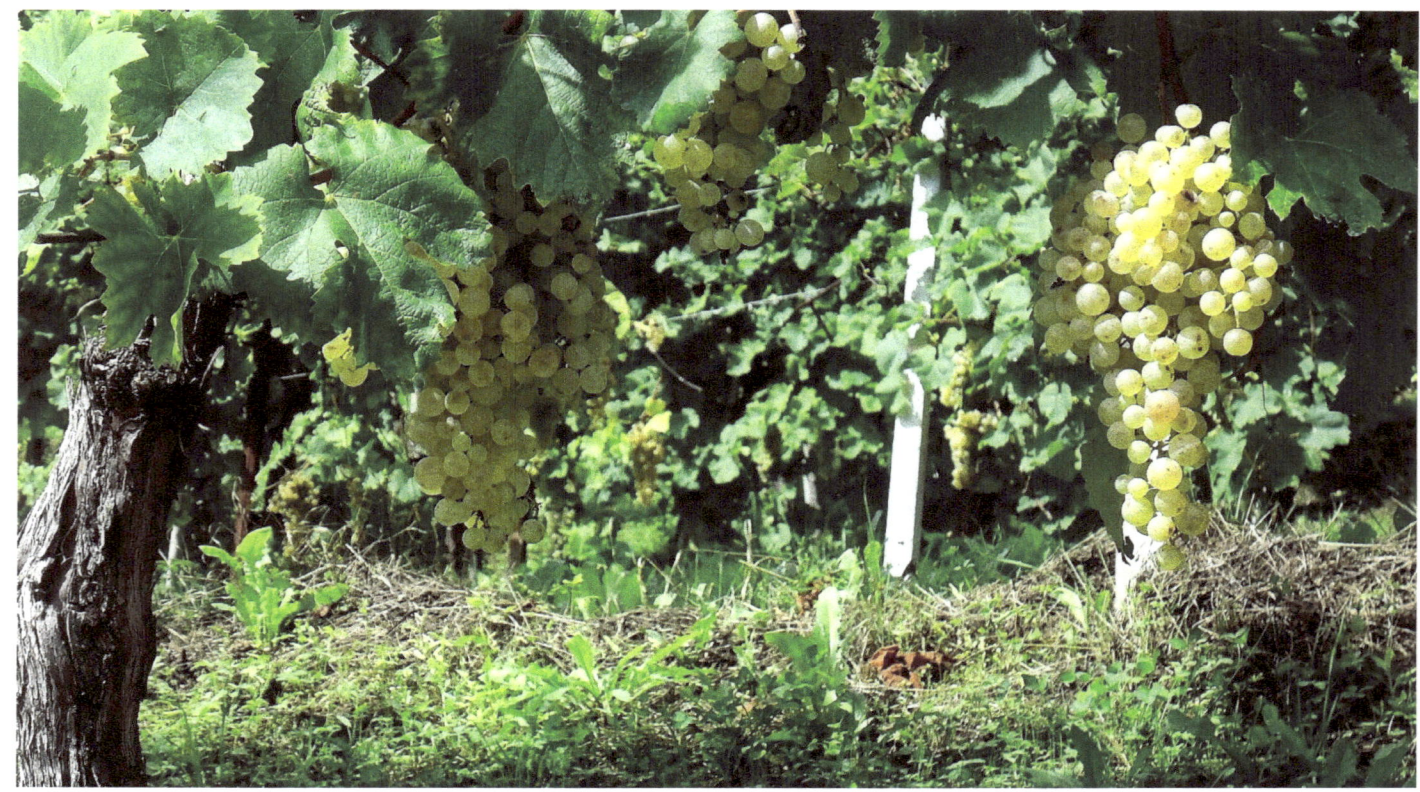
September

Lo straordinario successo ottenuto dal Prosecco a partire dal secondo dopoguerra ha creato una serie di tentativi di imitazione: vini denominati "Prosecco" sono stati prodotti in Sudamerica ("Prosecco Garibaldi" in Brasile), in Croazia ("Prošek"), in Australia ("Prosecco Vintage") e altri ancora. Diventando quindi urgente una regolamentazione legislativa che arginasse il fenomeno ed essendo vietato dalle norme internazionali proteggere il nome di un vitigno (era invalso infatti l'uso di chiamare "Prosecco" il vitigno produttore del vino), si rese necessario ricollegare la produzione veneta col nome della località originaria del Prosecco (la località omonima presso Trieste), nel contempo ripristinando gli antichi nomi dei vitigni: "Glera" e "Glera lungo".

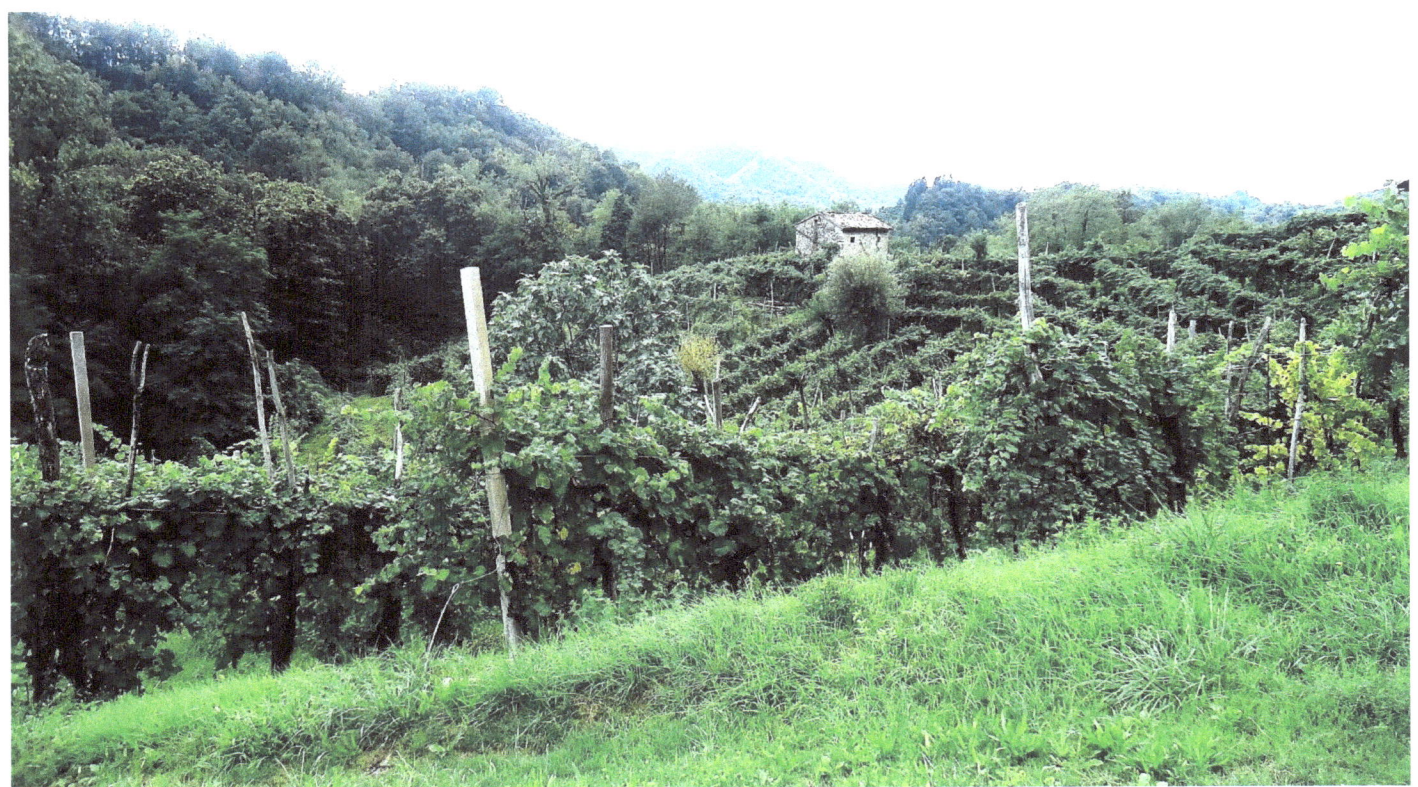

September　　　　　　　　　　　　　　　　　　　　　　　　　　　　　　　　Miane

It was therefore decided to create a contiguous production area much larger than the previous one, containing also some provinces in which Prosecco had never been produced or produced in very limited quantities (Venice, Padua, Belluno) or where production had been abandoned for centuries (Trieste, Gorizia, Udine). The process was concluded on 17 July 2009, with the promulgation of the recognition decree of DOC "Prosecco", of the two DOCG "Conegliano Valdobbiadene - Prosecco" and "Colli Asolani - Prosecco" (or "Asolo - Prosecco") and its specifications of production.

According these specifications, the production of "sparkling" or "semi-sparkling" variants is also possible in areas other than those of grape production, if there is already a tradition of such practices: that is the reason justifying the production of Prosecco also in Piedmont.

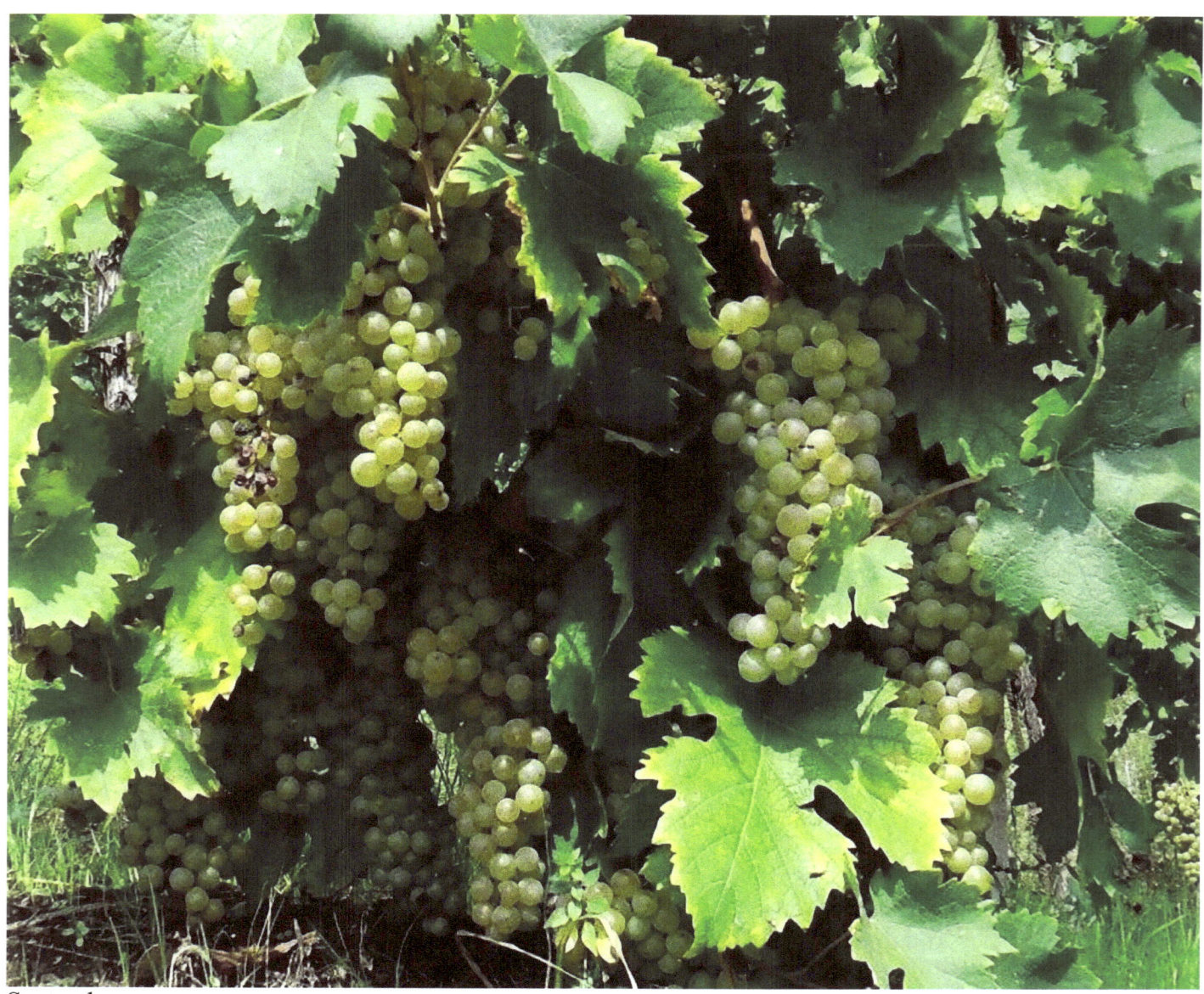
September

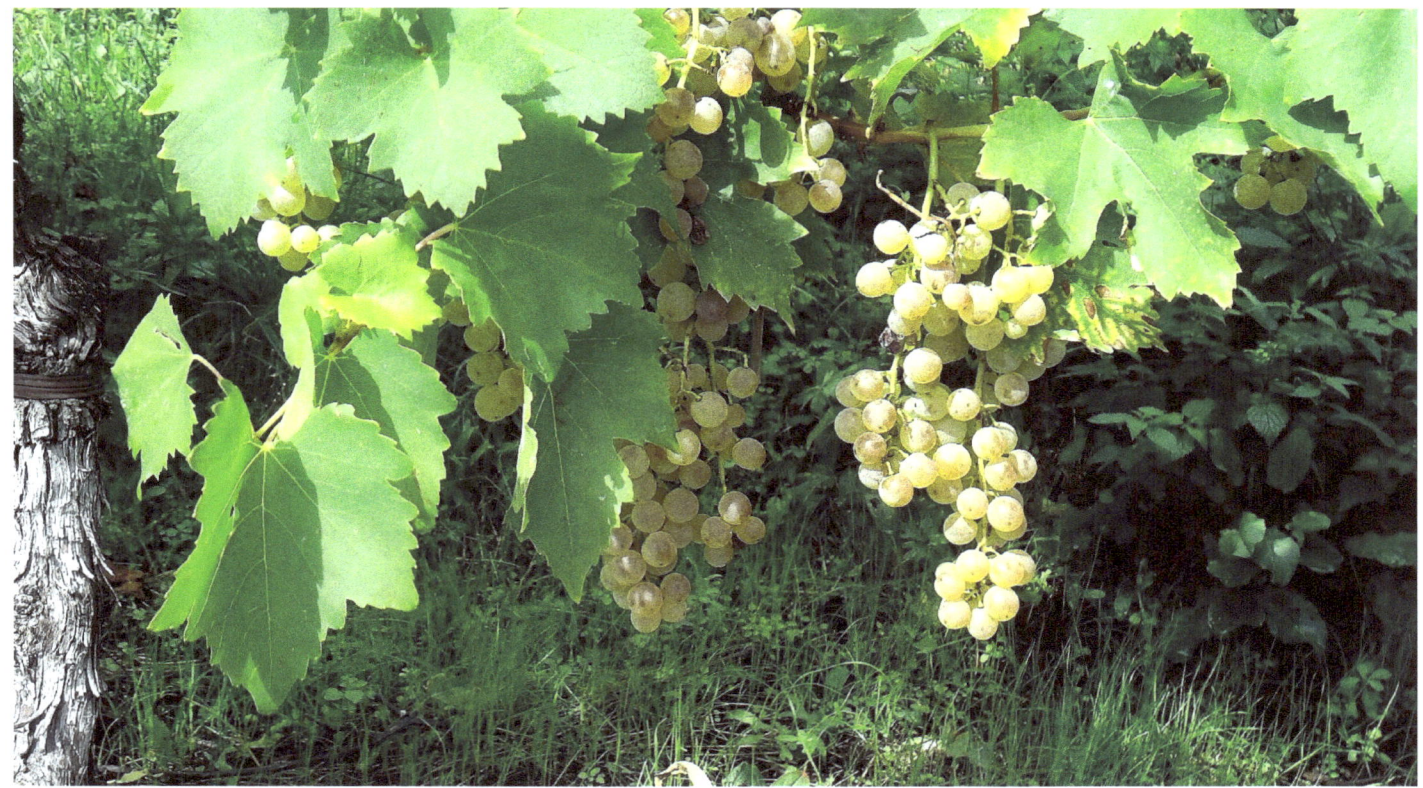
September

The reorganization of the whole production took place starting from the harvest started on 1 August 2009. Therefore, when speaking of Prosecco, it is necessary to specify:
- Prosecco DOCG (Conegliano Valdobbiadene - Prosecco and Colli Asolani - Prosecco) also called Prosecco Superiore;
- Prosecco DOC (that produced throughout Friuli Venezia Giulia and in 5 provinces of Veneto).
Then, there are so many Glera based wines, but only IGT (Typical Geographical Indication) and therefore can not be called Prosecco.
With the denomination "Conegliano Valdobbiadene Prosecco Superiore DOCG" is meant the Prosecco Spumante produced in the municipalities of Conegliano, San Vendemiano, Colle Umberto, Vittorio Veneto, Tarzo, Cison di Valmarino, San Pietro di Feletto, Refrontolo, Susegana, Pieve di Soligo, Farra di Soligo, Miane, Follina, Valdobbiadene and Vidor.

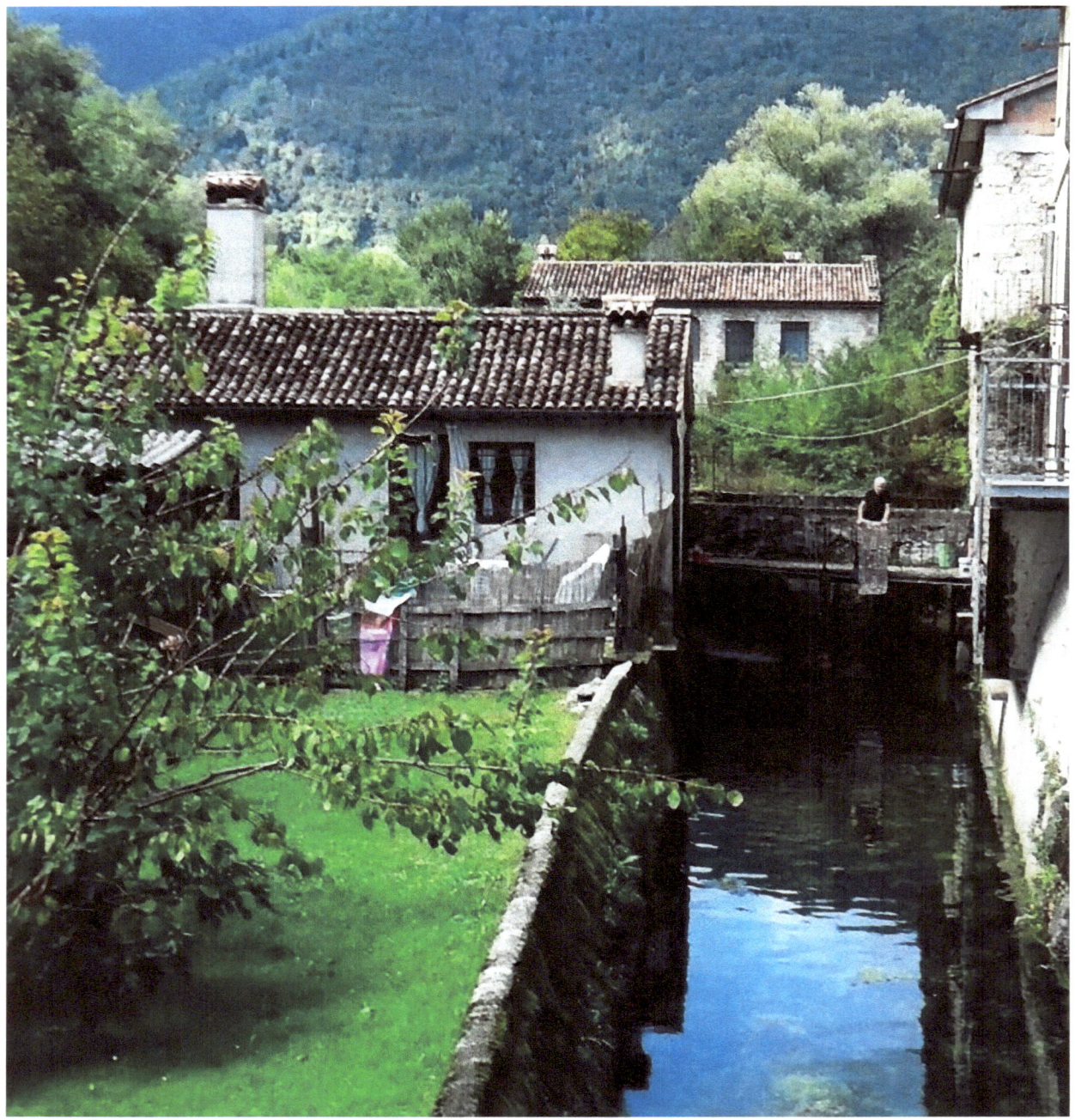

September　　　　　　　　　　　　　　　　　　　　　　　　　　　　Follina

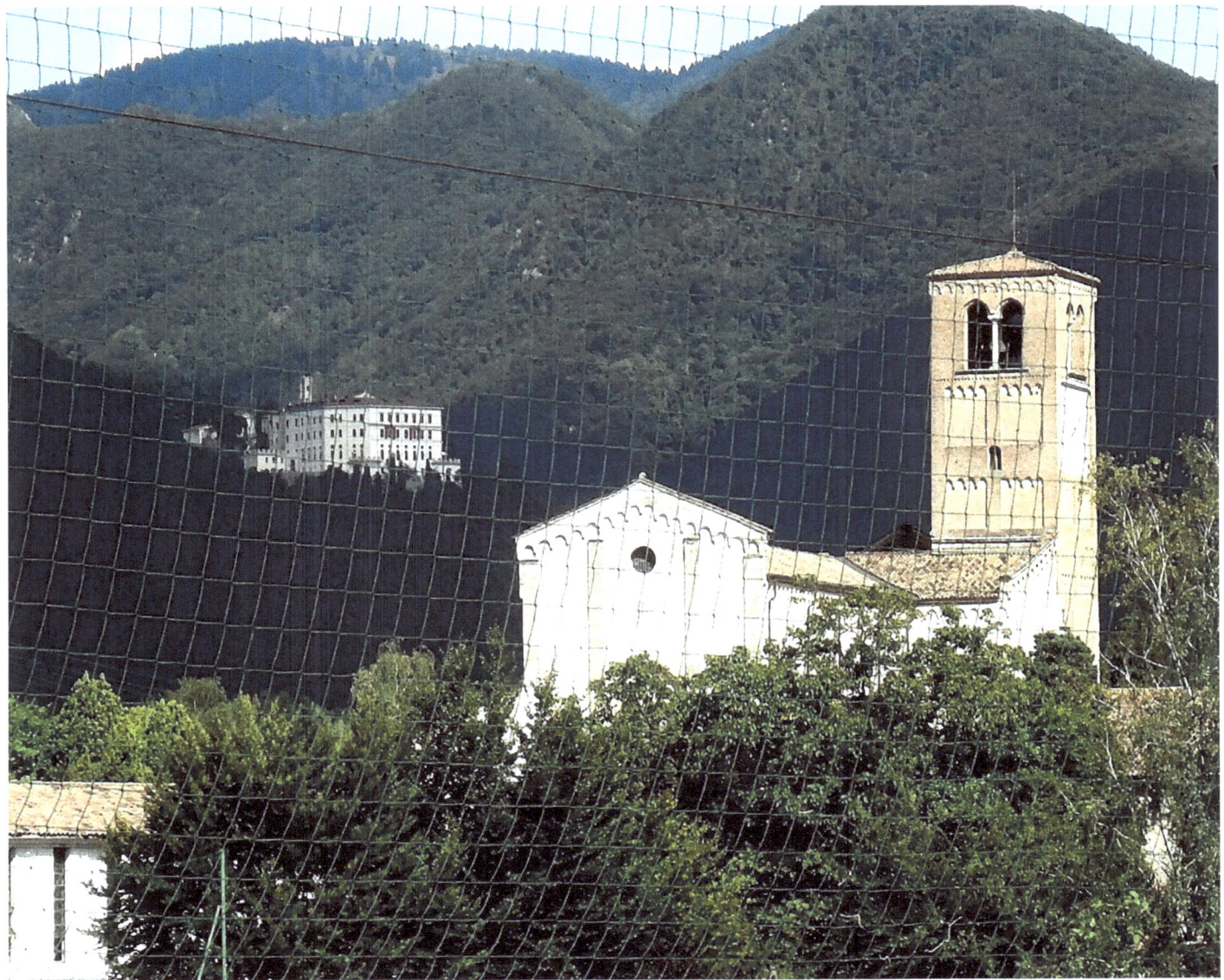

September — Follina, St. Mary Abbey (in the background the Castelbrando Palace)

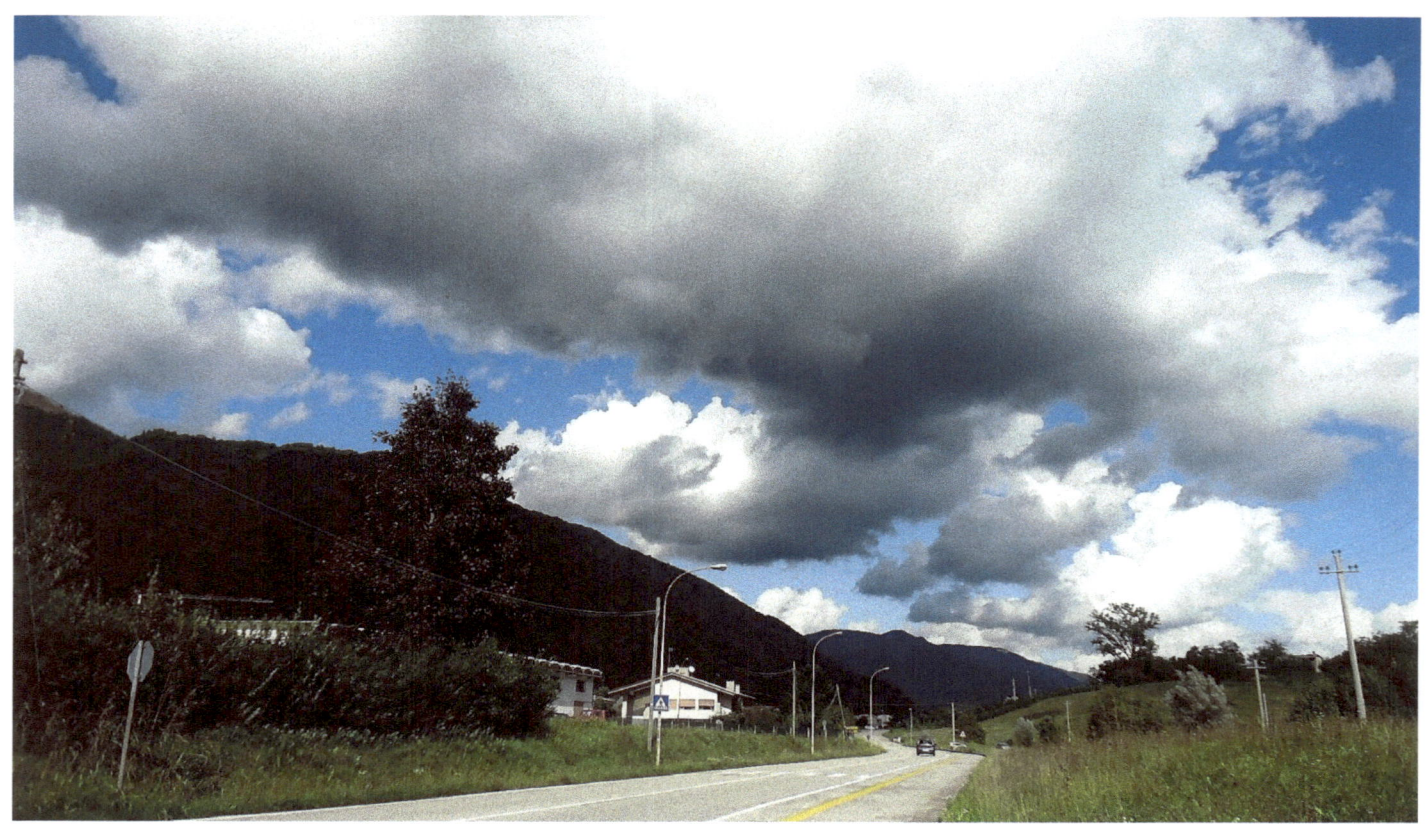

September — Miane

Si decise quindi di creare un'area di produzione contigua molto più vasta della precedente, contenente anche alcune province nelle quali il Prosecco non era mai stato prodotto o prodotto in quantità limitatissime (Venezia, Padova, Belluno) o dove la produzione era abbandonata da secoli (Trieste, Gorizia, Udine). L'iter venne concluso il 17 luglio 2009, con la promulgazione del decreto di riconoscimento della DOC "Prosecco", delle due DOCG "Conegliano Valdobbiadene - Prosecco" e "Colli Asolani - Prosecco" (o "Asolo - Prosecco") e del relativo disciplinare di produzione.

Secondo il disciplinare, la produzione delle varianti "spumante" o "frizzante" è possibile anche in aree diverse da quelle di produzione delle uve, qualora esista già una tradizione di tali pratiche: è questo che giustifica la produzione del Prosecco anche in Piemonte.

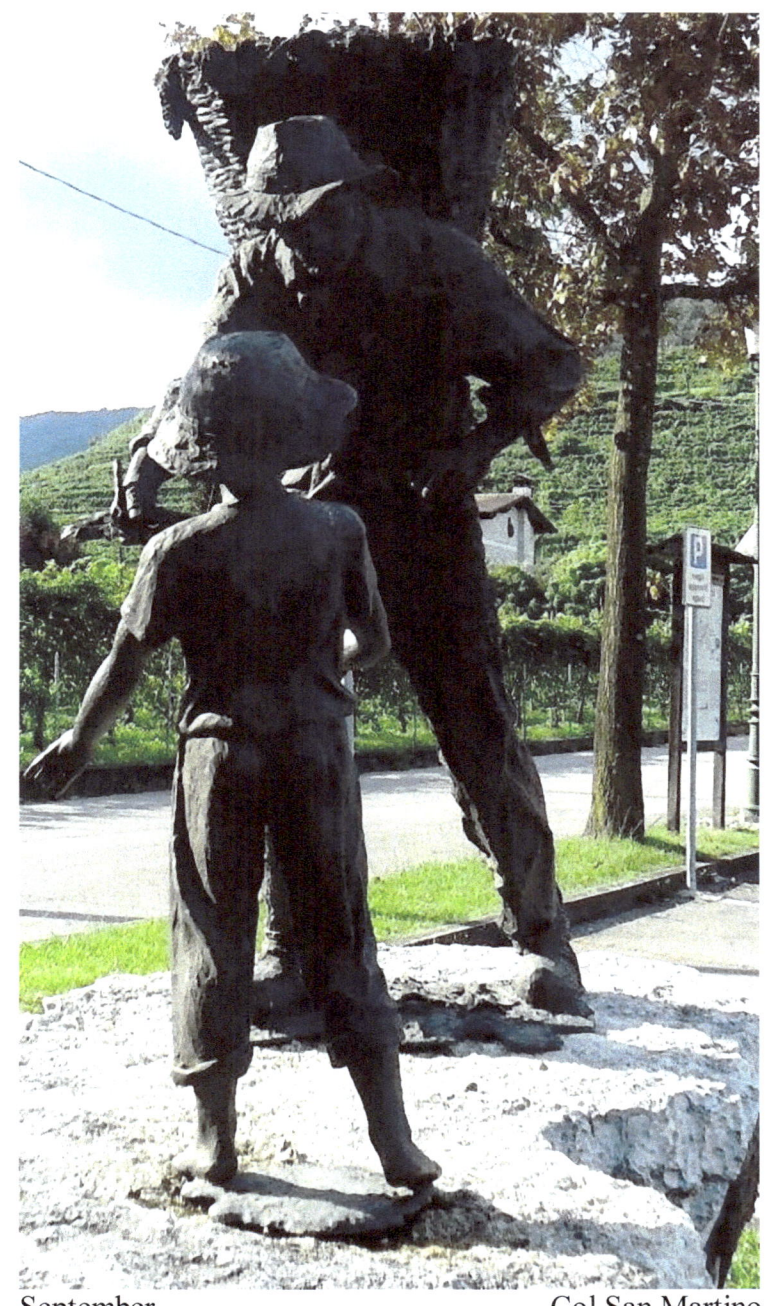

September Col San Martino

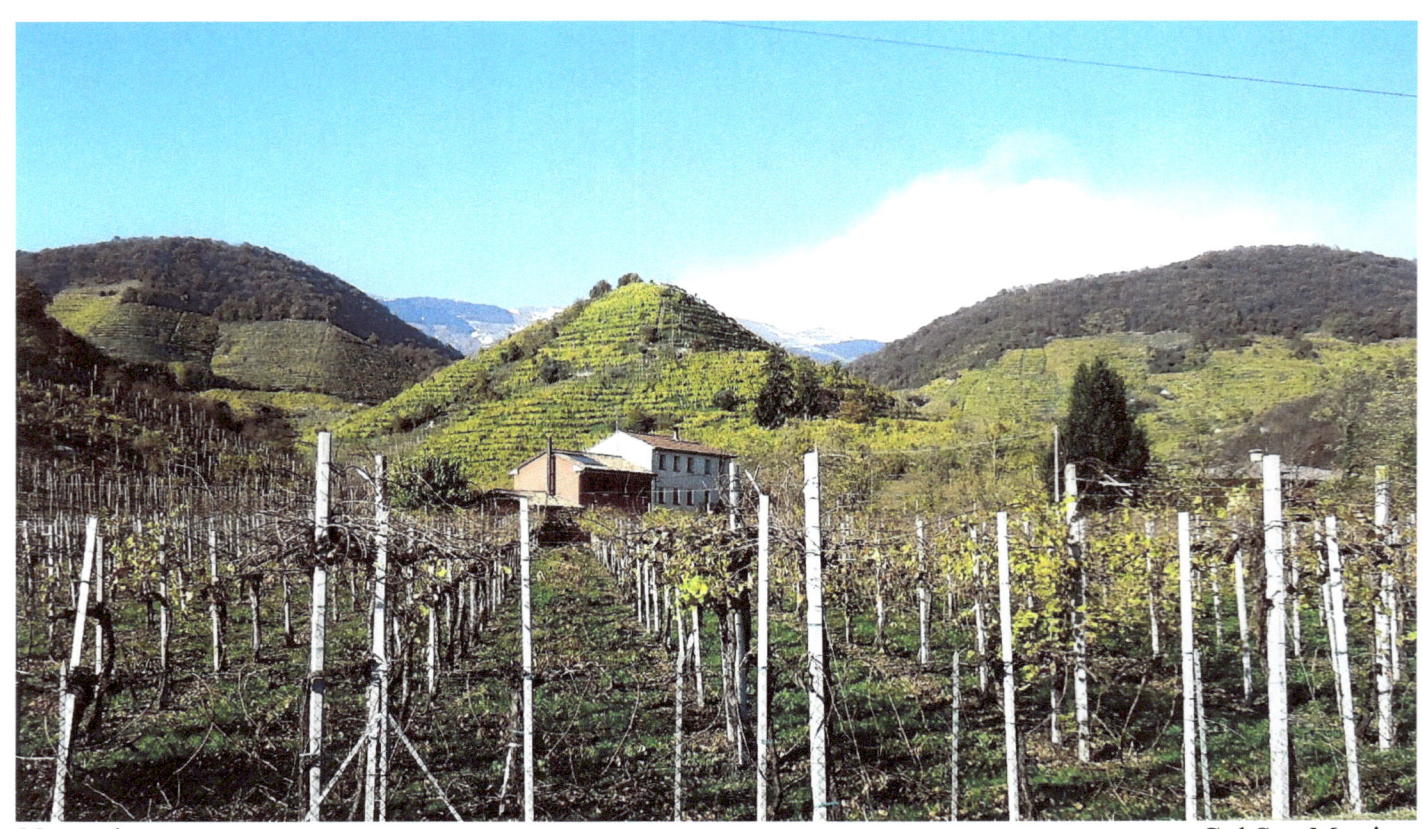

November   Col San Martino

La riorganizzazione di tutta la produzione ha avuto luogo a partire dalla vendemmia iniziata il 1° agosto 2009. Pertanto, quando si parla di Prosecco occorre precisare:
- il Prosecco DOCG (Conegliano Valdobbiadene - Prosecco e Colli Asolani - Prosecco) anche denominato Prosecco Superiore;
- il Prosecco DOC (quello prodotto in tutto il Friuli Venezia Giulia e in 5 province del Veneto).
Poi, ci sono tanti vini a base Glera, ma solo IGT (Indicazione Geografica Tipica) e che quindi non possono essere chiamati Prosecco.
Con la denominazione "Conegliano Valdobbiadene Prosecco Superiore DOCG" si intende il Prosecco Spumante prodotto nei Comuni di Conegliano, San Vendemiano, Colle Umberto, Vittorio Veneto, Tarzo, Cison di Valmarino, San Pietro di Feletto, Refrontolo, Susegana, Pieve di Soligo, Farra di Soligo, Miane, Follina, Valdobbiadene e Vidor.

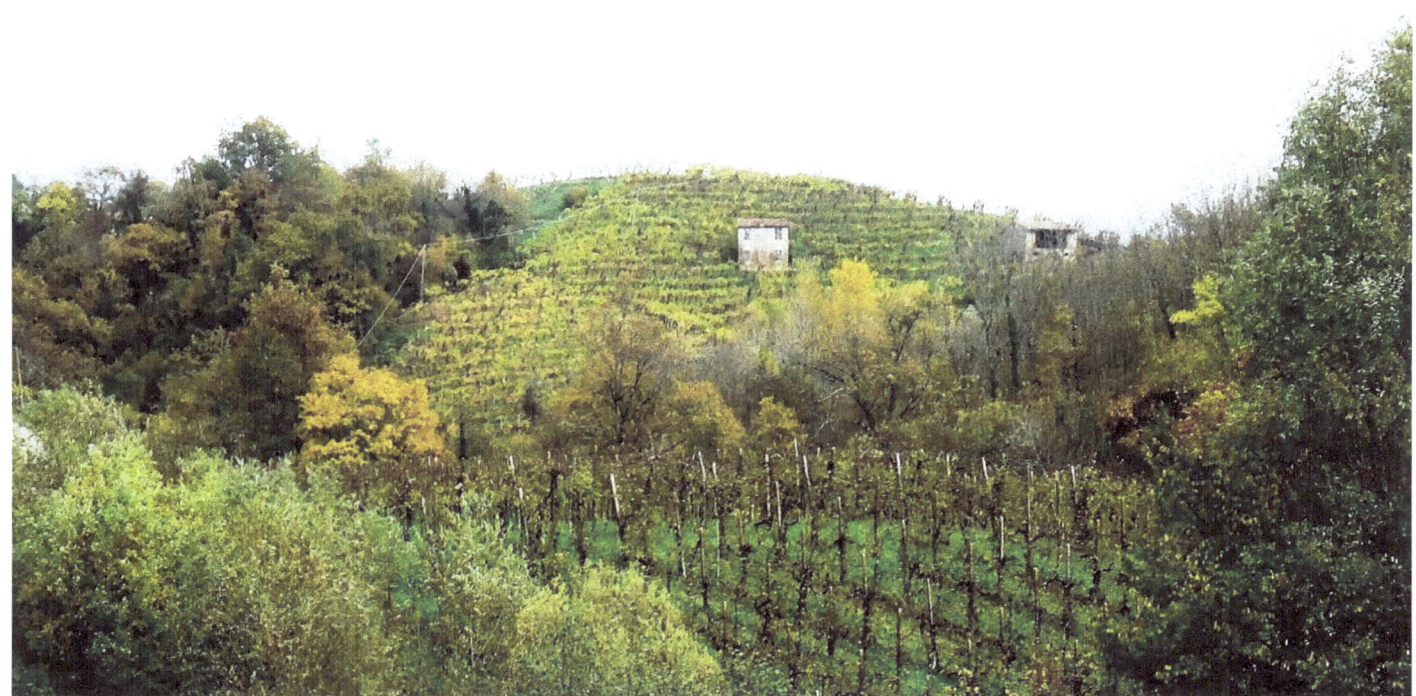

November   Miane

The denomination "Prosecco di Conegliano Superiore di Cartizze" is wrong, because there is no Cartizze of Conegliano, but only of Valdobbiadene. The grapes destined for the winemaking of the Cartizze is limited to the aforementioned area, recognized as an area of excellent quality production due to the characteristics of the microclimate and the territory.

With the term **Verdiso** it is meant both the vine and the white wine IGT (Typical Geographical Indication) produced in Veneto in the Trevigiana altamarca. Verdiso is an autochthonous white grape which is part of the production specification of Prosecco DOC and DOCG. From these grapes, wines with high acidity are obtained.

Bianchetta Trevigiana is a variety of white grapes grown in the wine regions of Trentino-Alto Adige and Veneto. Here, grape is rarely used as a varietal, but it is allowed to add acidity to wines of several zones DOC, including the sparkling wine Prosecco. It is also used for vermouth production.

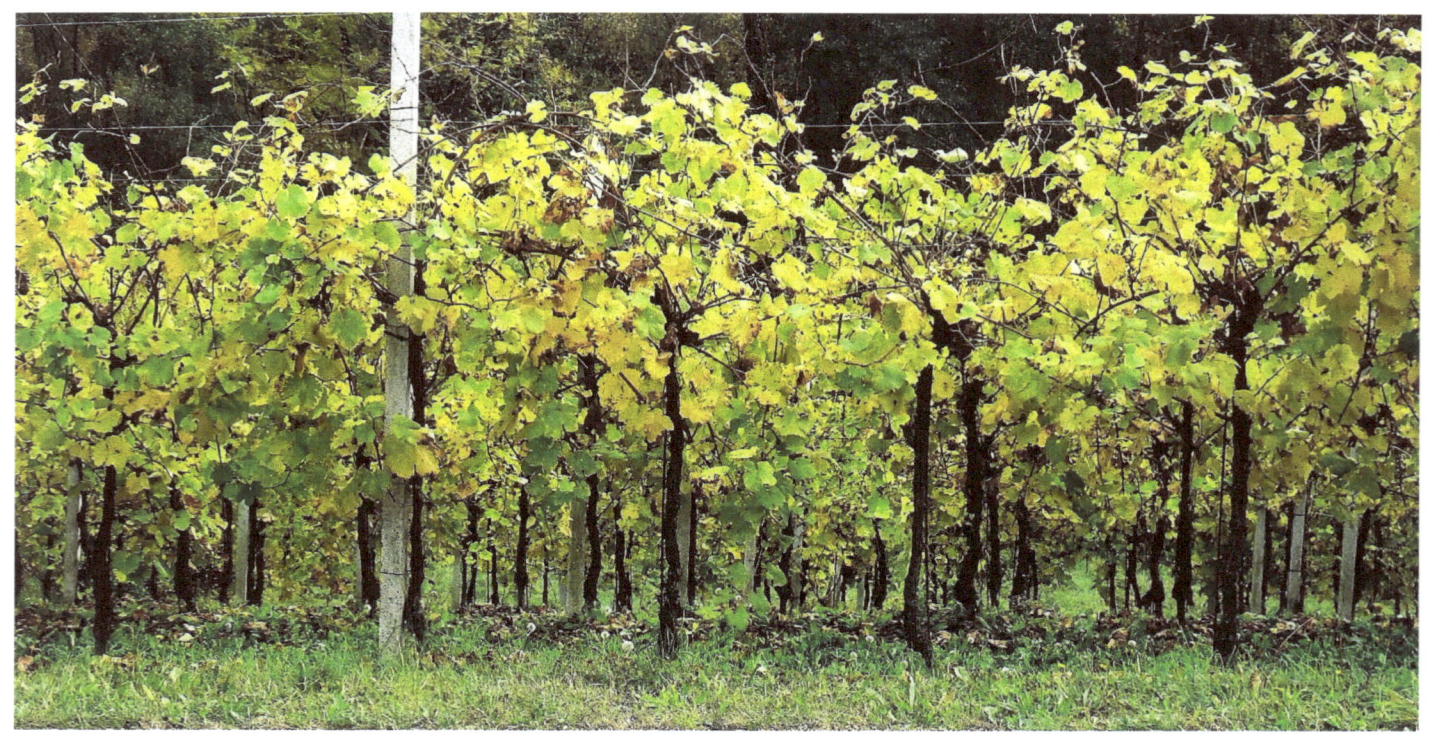

November   Miane

La denominazione "Prosecco di Conegliano superiore di Cartizze" è errata, perché non esiste il Cartizze di Conegliano, ma solo di Valdobbiadene. L'uva destinata alla vinificazione del Cartizze è limitata alla zona suddetta, riconosciuta come zona di produzione di qualità eccellente per via delle caratteristiche del microclima e del territorio.
Con il termine **Verdiso** *si indica sia il vitigno che il vino bianco IGT (Indicazione Geografica Tipica) prodotto in Veneto nell'altamarca trevigiana. Il Verdiso è un vitigno a bacca bianca autoctono che rientra nel disciplinare di produzione del Prosecco DOC e DOCG. Da queste uve si ottengono vini caratterizzati da un'elevata acidità.*
La **Bianchetta Trevigiana** *è una varietà di uva bianca che viene coltivata nelle aree vinicole del Trentino-Alto Adige e del Veneto. Qui l'uva viene raramente utilizzata come varietà, ma consentita per aggiungere acidità ai vini di diverse zone DOC (Denominazione di Origine Controllata) tra cui il Prosecco spumante. E' utilizzata anche per la produzione di vermouth.*

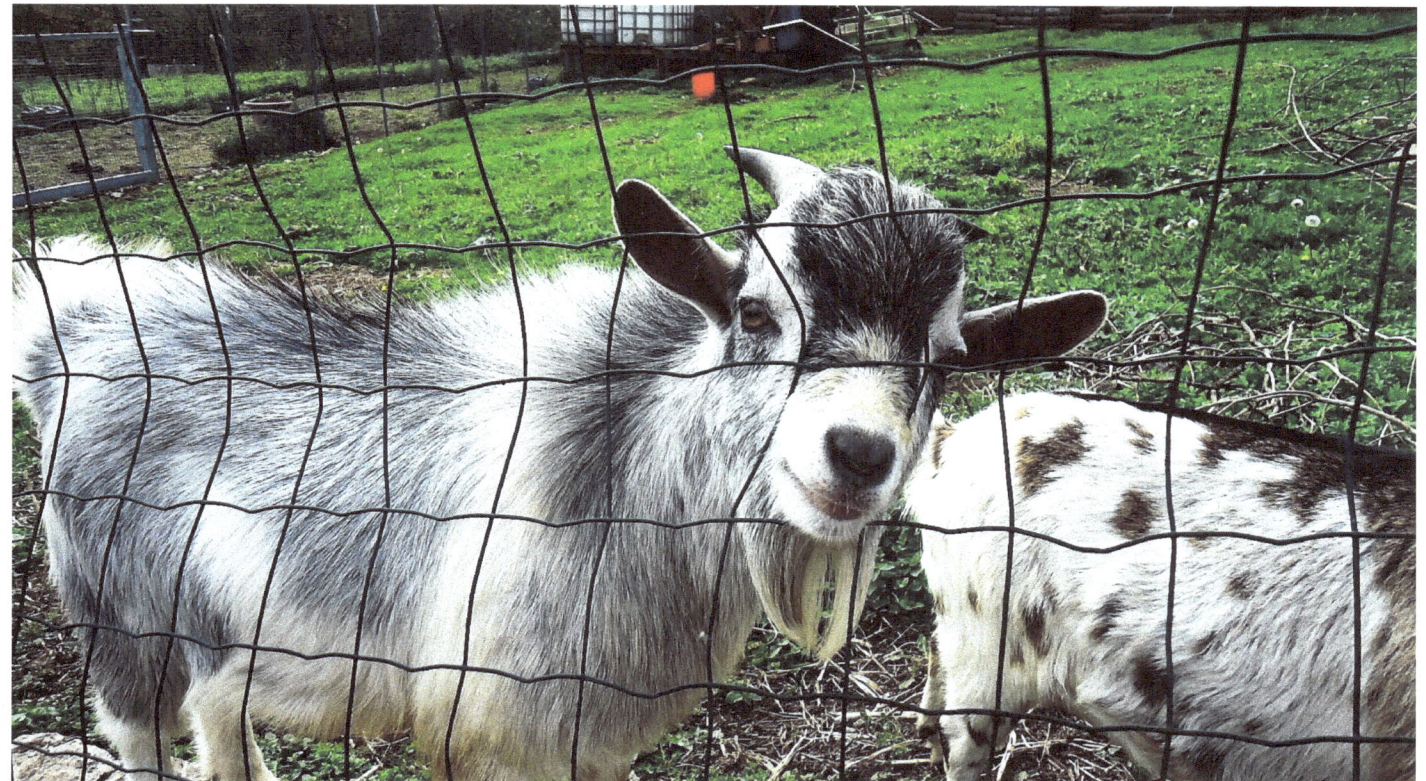

November   Miane

It is a known fact that the **Pinot Bianco** (like Pinot Grigio) is a genetic variant of Pinot Nero and has been confused with Chardonnay for a long time. The vine originates from Germany and achieves the best quality results in Alsace. In Italy it finds its most suitable climate in Friuli, Lombardy, Trentino and South Tyrol. In these areas the yields per hectare are very low and this allows to produce a white wine suitable for maturing in barriques, where it can be aged. Pinot Bianco is a wine particularly suitable to be submit to the sparkling process.

Pinot Grigio (genetic mutation of Pinot Nero) is often vinified in white because vinified in contact with the skins assumes its typical copper color, but diminishes its value with respect to the white or black variant. In Alsace, however, it is vinified with skins and is known as Pinot Gris, while in Germany it is called Ruländer and in Hungary Szürkebarát. The Pinot Grigio goes well with appetizers, especially the cold cuts, fish and white meat. It can also be served as an aperitif.

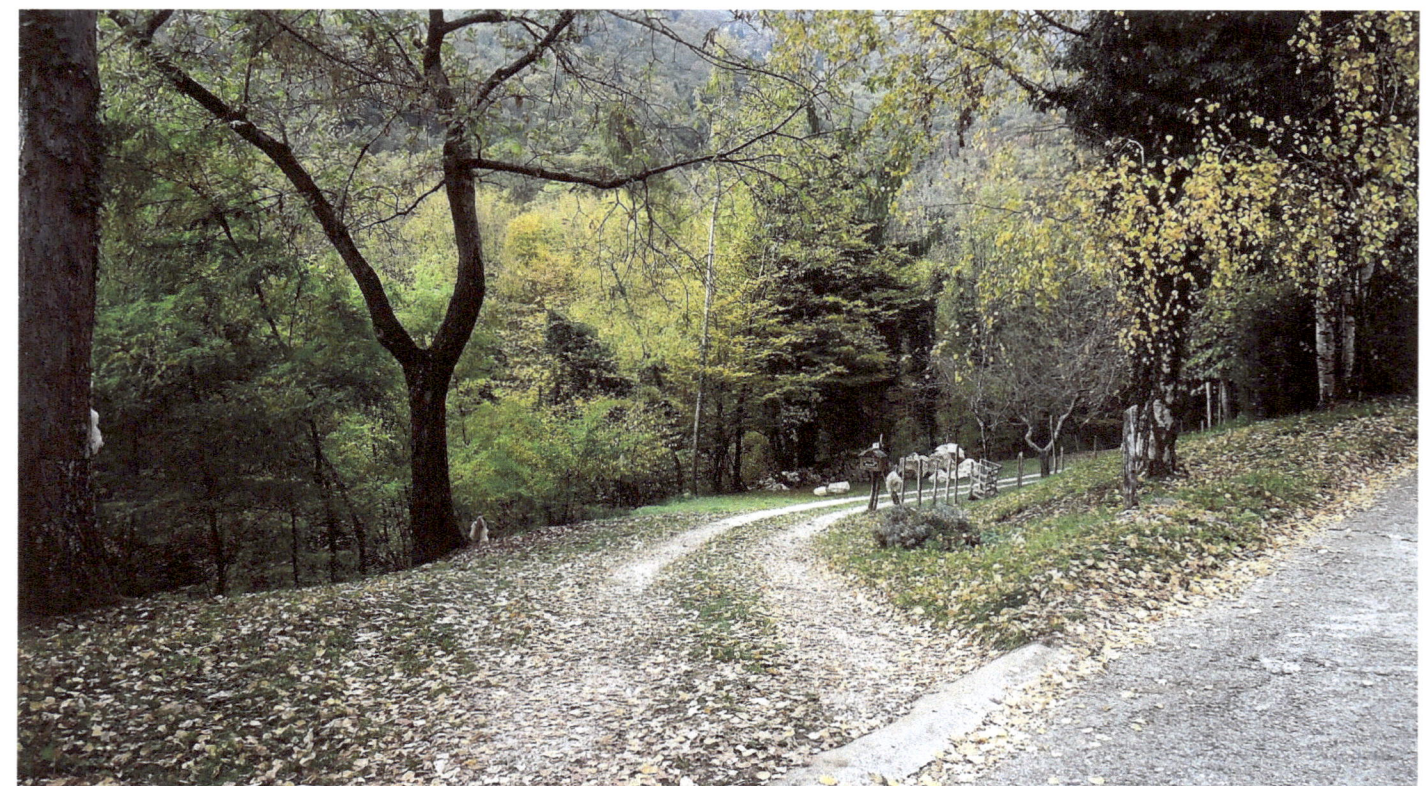

November — Miane

E' ormai assodato che il **Pinot bianco** *(come il **Pinot grigio**) sia una variante genetica del **Pinot nero** ed è stato confuso a lungo con lo Chardonnay. Il vitigno è originario della Germania e raggiunge i migliori risultati qualitativi in Alsazia. In Italia trova il suo clima più adatto in Friuli, in Lombardia, in Trentino e in Alto Adige. In queste zone le rese per ettaro sono molto basse e questo consente di produrre un vino bianco adatto anche alla maturazione in* barrique, *dove può essere invecchiato. Il Pinot bianco è particolarmente adatto a essere spumantizzato.*

*Il **Pinot grigio** (mutazione genetica del **Pinot nero**) è spesso vinificato in bianco, perché vinificato a contatto con le bucce assume il suo tipico colore ramato, ma diminuisce il suo pregio rispetto alla variante bianca o nera. In Alsazia invece viene vinificato con le bucce ed è conosciuto come **Pinot Gris**, mentre in Germania è chiamato **Ruländer** e in Ungheria **Szürkebarát**. Il Pinot grigio si accompagna bene con gli antipasti, in particolare gli affettati, il pesce e le carni bianche. Può essere servito anche come aperitivo.*

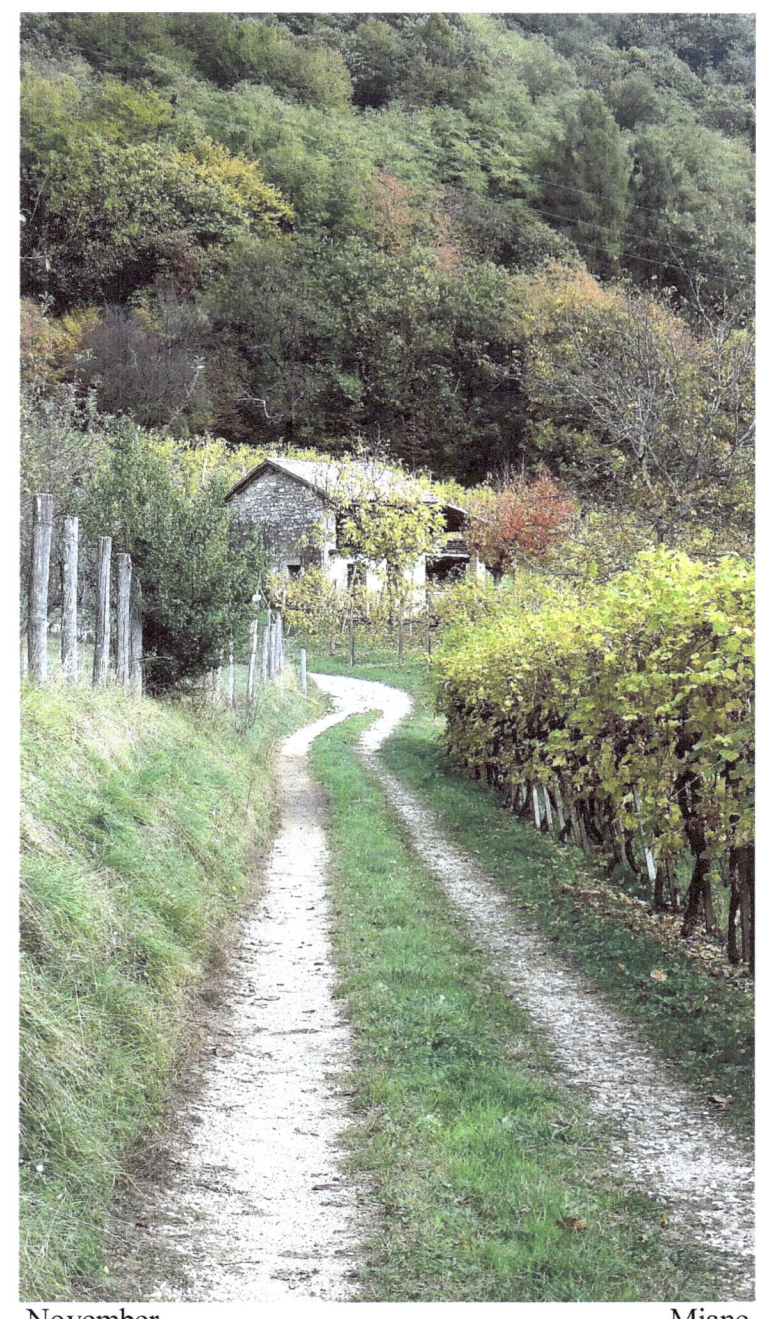

November — Miane

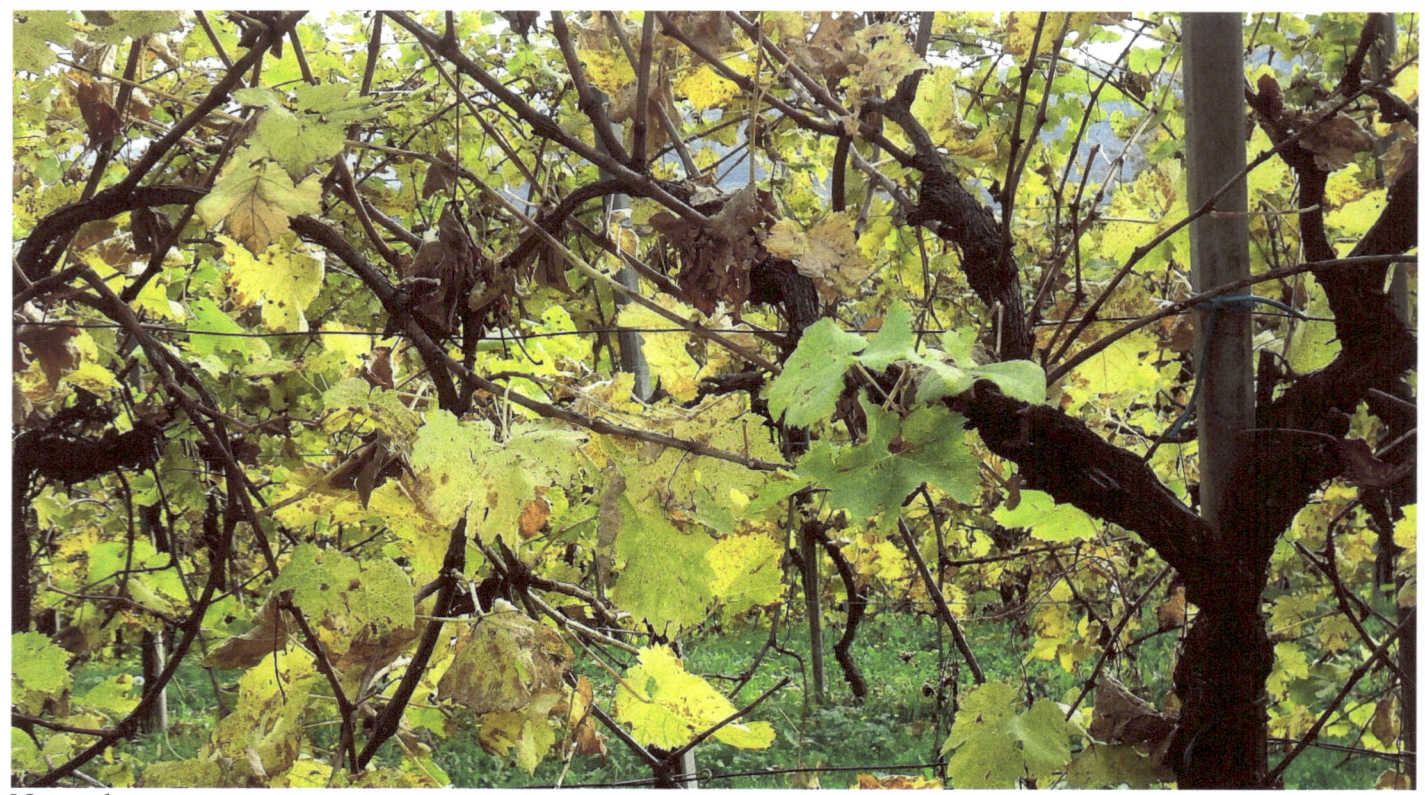
November — Miane

Il **Pinot nero** è considerato il più nobile ed elegante di tutti i vitigni a bacca nera del mondo. La sua origine viene posta nella Borgogna, regione della Francia centrale, dove è alla base dei più grandi vini della zona ed è presente anche nella regione Champagne (confinante al nord con la Borgogna). In Italia ne esistono due diverse qualità:
- la prima, caratterizzata da grappoli piccoli e compatti e da acini piccoli, è adatta a essere vinificata in nero e produce un vino rosso estremamente delicato, che varia considerevolmente di annata in annata persino nelle posizioni più adatte. La sua vinificazione è complessa e rappresenta forse la sfida maggiore per gli enologi. Il Pinot nero ha un colore rosso che non è mai troppo marcato e si riconosce per un profumo molto caratteristico di piccoli frutti rossi (soprattutto ribes, ma anche mora e lampone). È decisamente adatto all'invecchiamento in barrique.

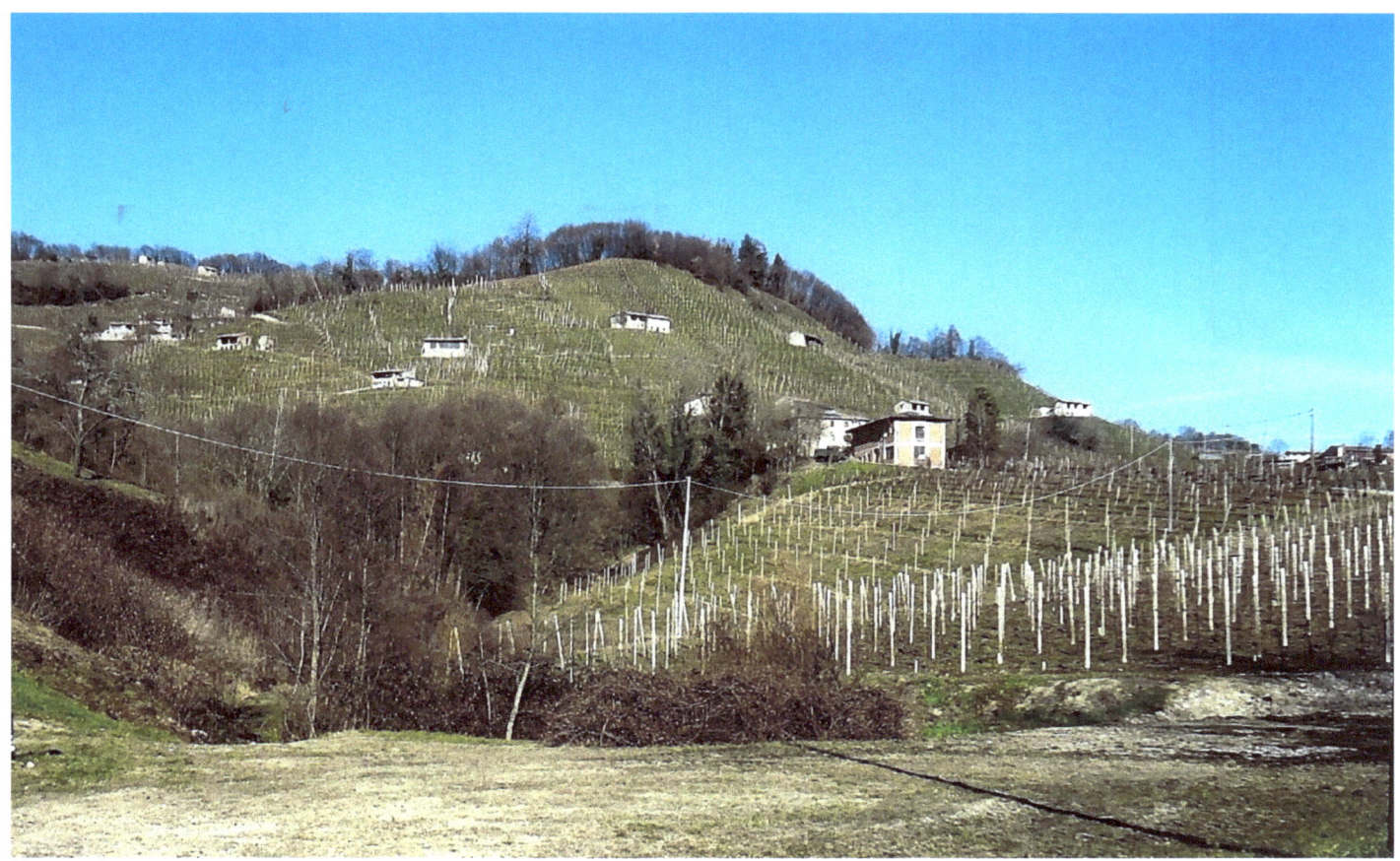

December   Miane

Pinot Nero is considered the noblest and most elegant of all black grape varieties in the world. Its origin is located in the Burgundy region of central France, where it is the base of the largest wines in the area and is also present in the Champagne region (bordering the North with Burgundy).
There are two different qualities in Italy:
- the first, characterized by small and compact bunches and small berries, is suitable for being vinified in black and produces an extremely delicate red wine, which varies considerably from year to year even in the most suitable positions. Its winemaking is complex and is perhaps the biggest challenge for enologists. The Pino Nero has a red color that is never too marked and is recognized for a very characteristic scent of small red fruits (especially red currant, but also blackberry and raspberry). It is definitely suitable for aging in *barriques*.

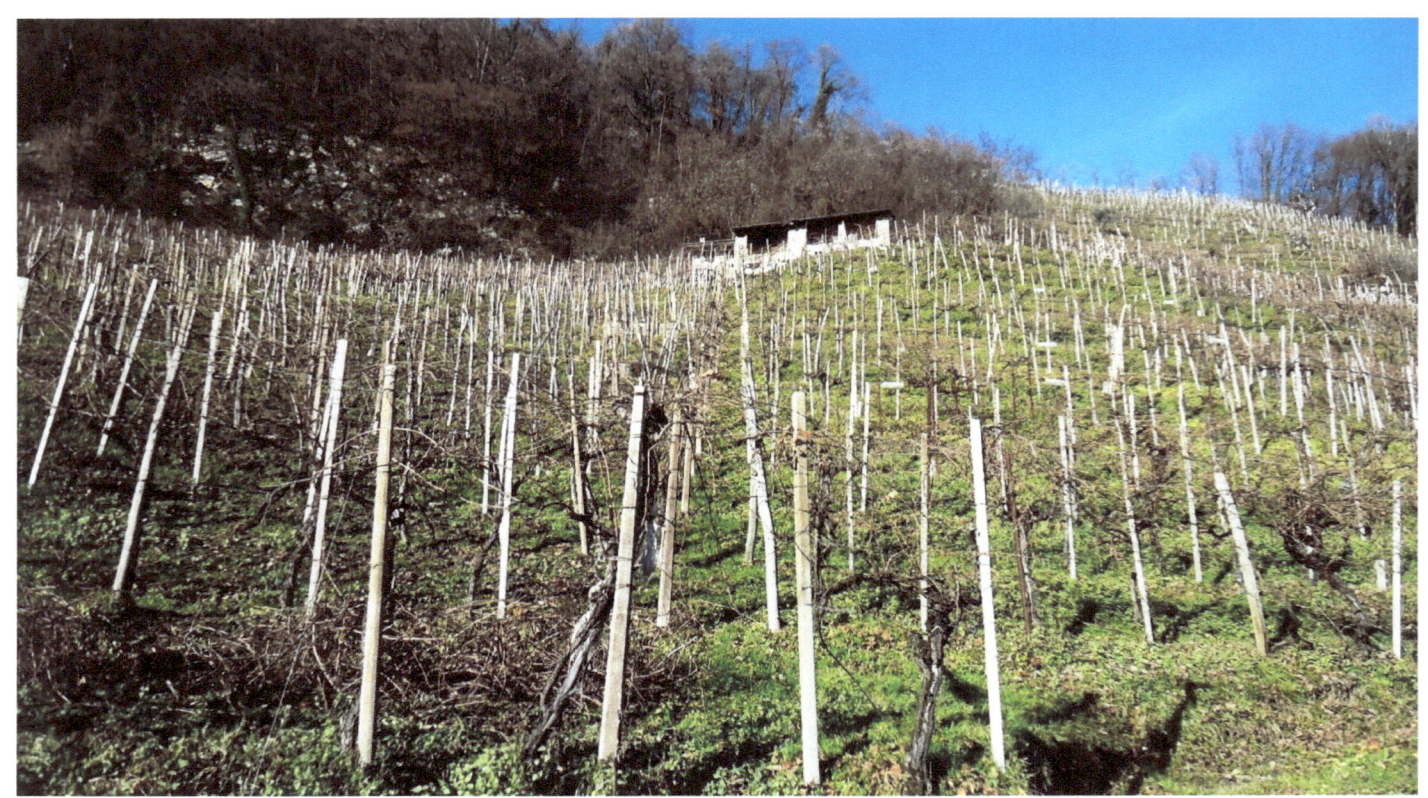

December   Miane

- la seconda varietà è quella vinificata in bianco (senza bucce) da cui si ottiene un vino "neutro" che risulta la miglior base per la produzione dello spumante, a cui conferisce corpo e anche una notevole longevità. In Francia questa varietà è alla base del famoso Champagne, considerato universalmente lo spumante per eccellenza.

Lo **Chardonnay** *è un vitigno a bacca bianca, internazionale, coltivato in tutte le aree viticole del mondo. Viene utilizzato soprattutto per la produzione di vini spumanti di qualità, basati tradizionalmente sul* **metodo classico** *(seconda fermentazione in bottiglia). Assieme al merlot è tra i vitigni francesi cosiddetti "internazionali", quelli più coltivati in ogni parte del mondo.*

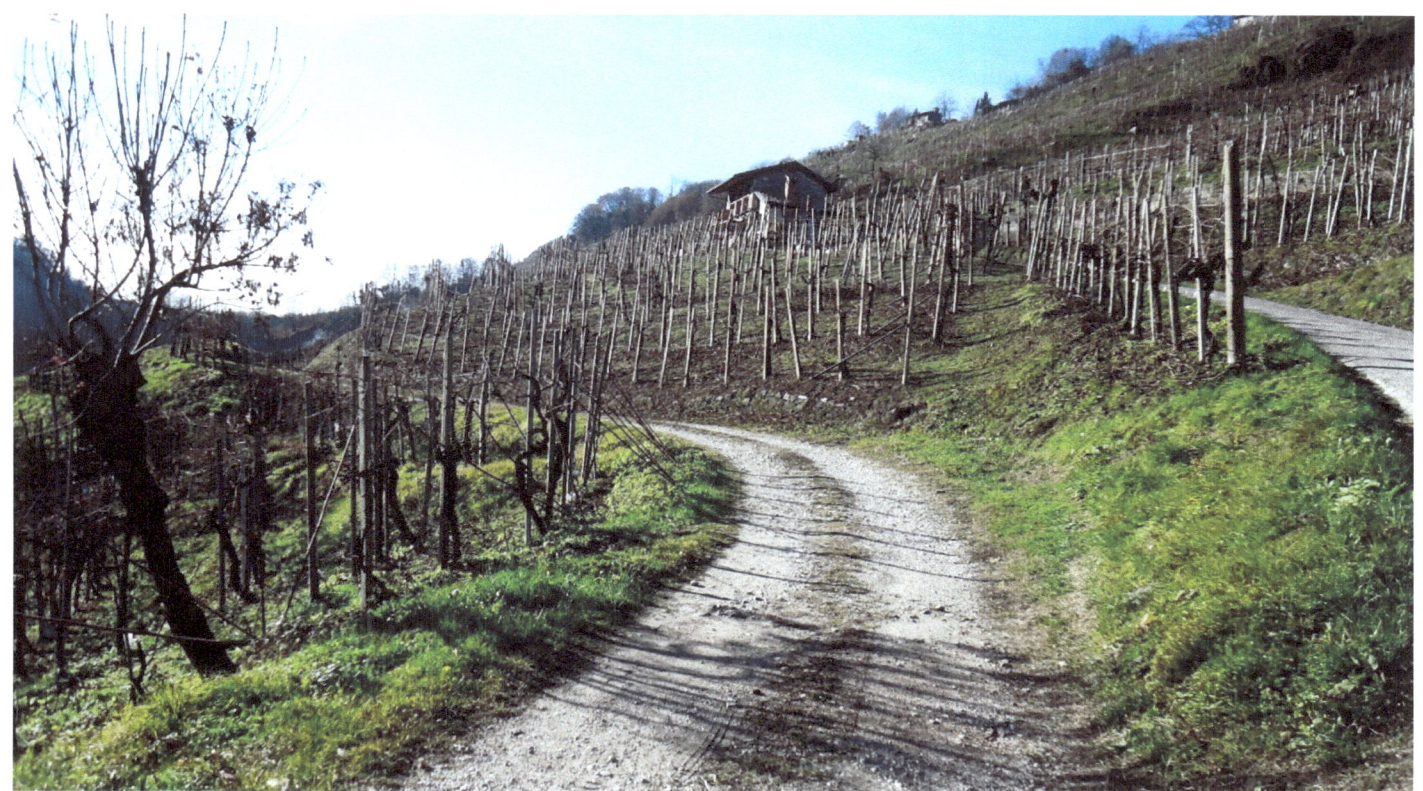

December   Miane

- the second variety is the one vinified in white (without skins) from which a "neutral" wine is obtained which is the best basis for sparkling wine, to which it gives body and also a remarkable longevity. In France this variety is at the basis of the famous Champagne, universally considered the sparkling wine par excellence.

Chardonnay is a white grape variety, international, cultivated in all the wine-growing areas of the world. It is used mainly for the production of quality sparkling wines, traditionally based on the classic method (second fermentation in bottles). Along with Merlot is among the so-called "international" French vines, the most cultivated ones in all parts of the world.

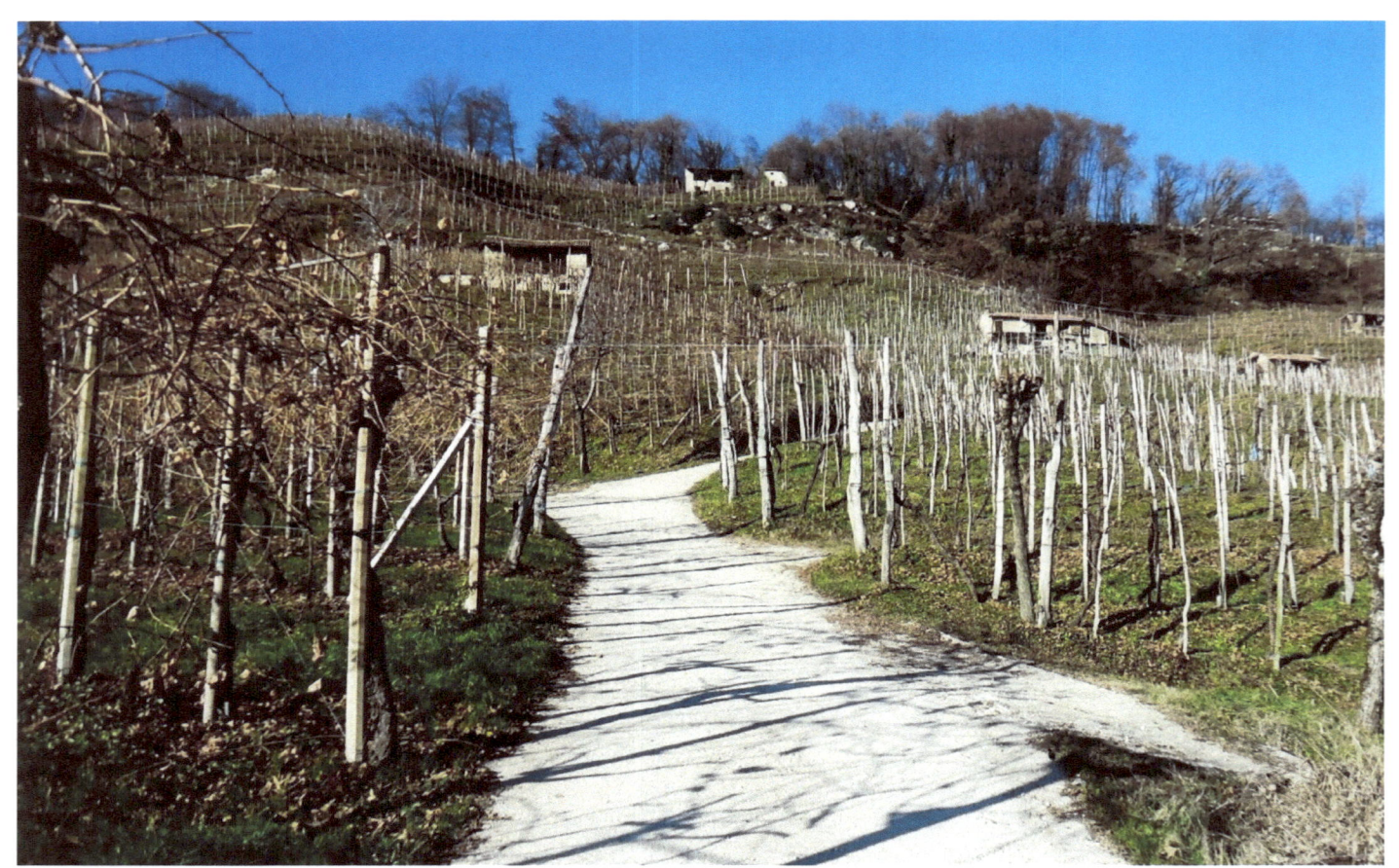

December — Miane

Il ***metodo Martinotti-Charmat***, è un procedimento realizzato per la produzione di vino spumante, mediante la rifermentazione in un grande recipiente chiuso chiamato autoclave e ha trovato larga diffusione in quanto più idoneo alla produzione di "bollicine" utilizzando vitigni aromatici. Sia per la relativa facilità produttiva rispetto al metodo classico sia per la maggior fruibilità e immediatezza dei prodotti, la stragrande maggioranza di bottiglie di spumante nel mondo è di tipo Martinotti. Le uve utilizzate possono essere quelle del metodo classico (le varietà cosiddette "neutre"), ma visto che il metodo ottiene colori più tenui, sapori più freschi e profumi meno intensi, le uve più apprezzate sono il Moscato, il Glera, la Malvasia e il Brachetto. I due spumanti italiani più diffusi e famosi nel mondo sono realizzati con il metodo Martinotti-Charmat: l'Asti e il Prosecco, come peraltro quasi tutti i Lambrusco, sia frizzanti che spumanti.

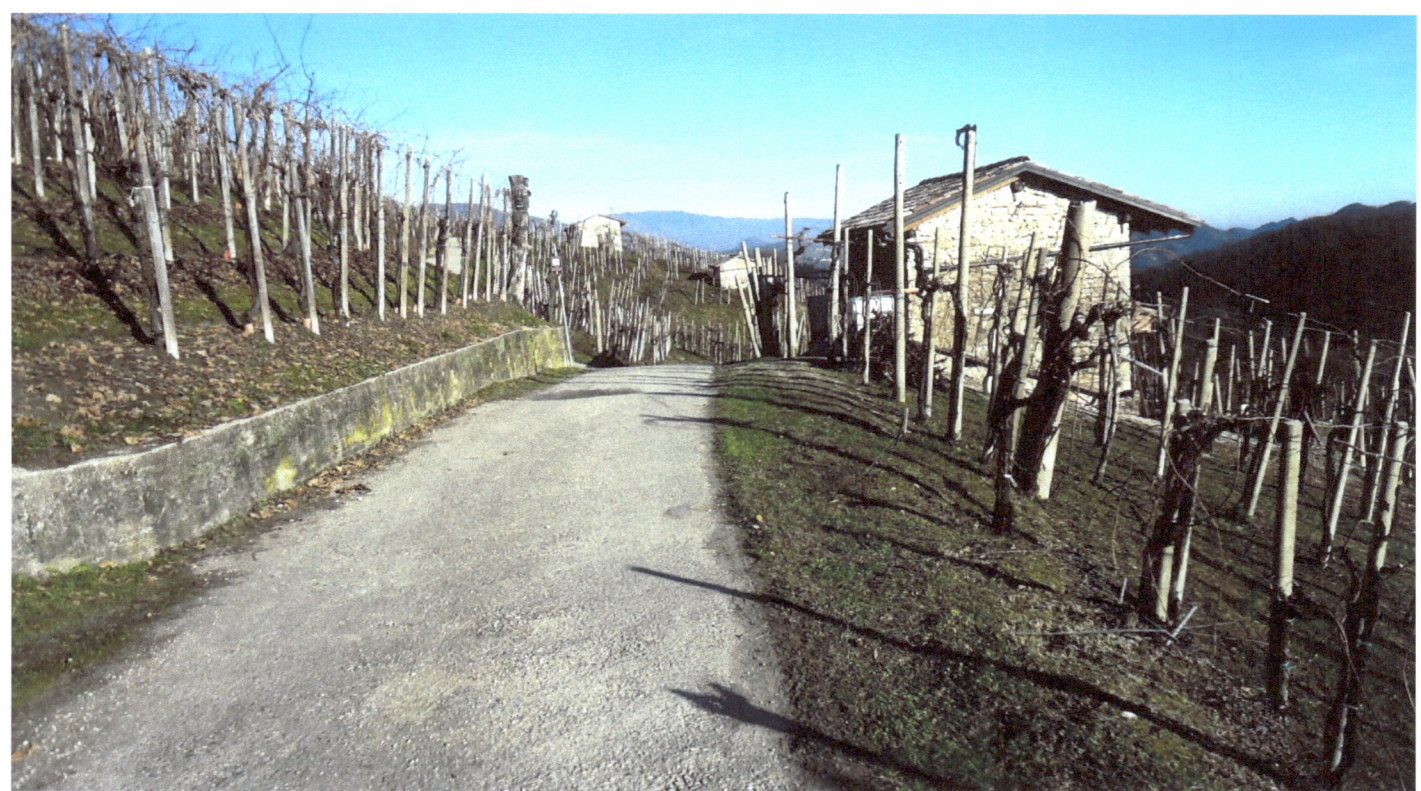

December   Miane

The **Martinotti-Charmat method** is a process for the production of sparkling wine by re-fermentation into a large closed vessel called autoclave and it found wide diffusion as it is more suitable for producing "bubbles" using aromatic vines. For its relative ease of production compared to the classic method and for the more usability and immediacy of the products, the vast majority of sparkling bottles in the world is of Martinotti type.

The grapes used may be those of the classical method (the so-called "neutral" varieties), but since the method obtains less intense colors, fresh flavors and less intense fragrances, the most appreciated grapes are Moscato, Glera, Malvasia and the Brachetto. The two most popular Italian sparkling wines in the world are made with the Martinotti-Charmat method: Asti and Prosecco, as well as almost all Lambrusco, both semi-sparkling and sparkling.

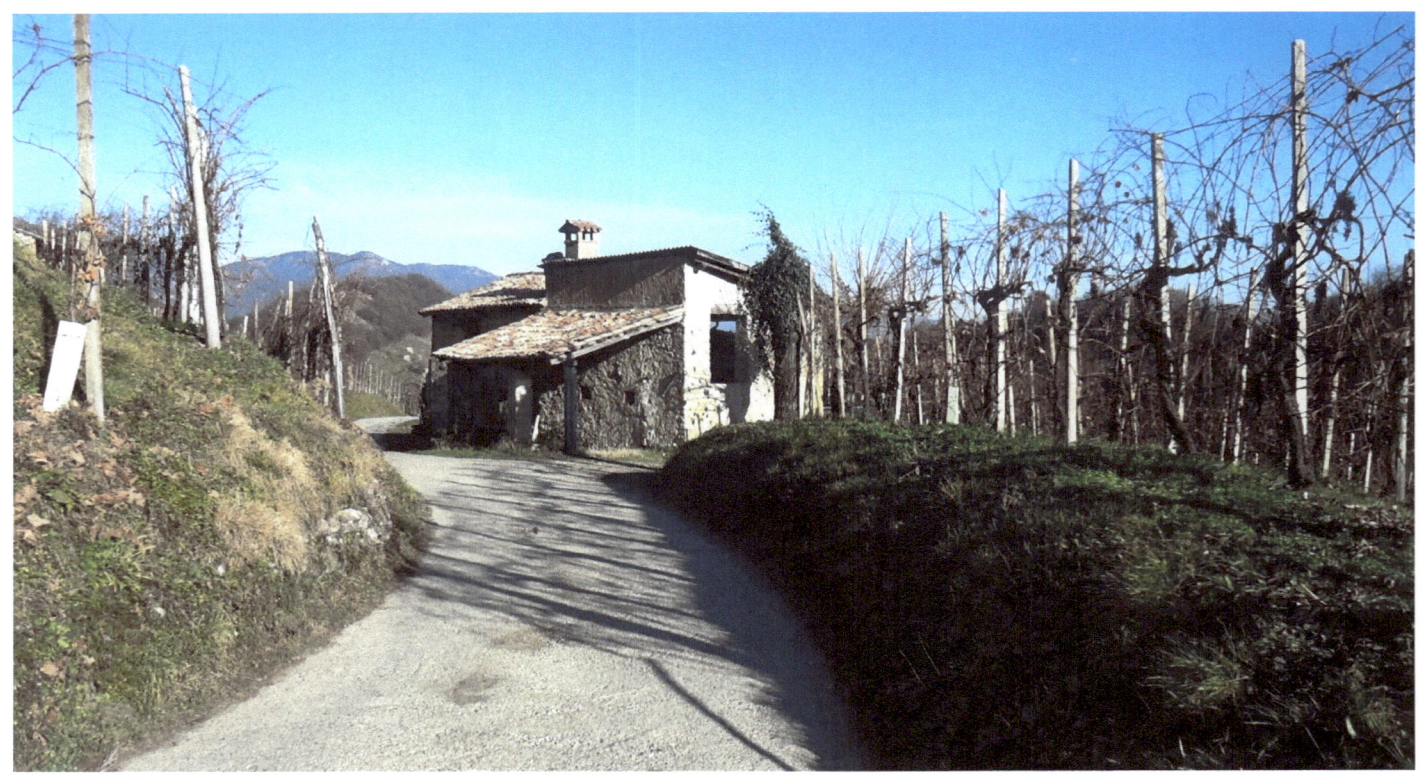

December Miane

*Il termine **millesimato** viene dato agli spumanti prodotti con vini di una singola annata ovvero il* millesimo, *che indica l'annata in cui è stata effettuata la vendemmia. A differenza degli spumanti e dello Champagne ottenuti dall'assemblaggio di vini provenienti da vigneti e annate diverse, sull'etichetta degli spumanti che vengono ottenuti dalla vinificazione delle uve di una singola annata viene riportato l'anno di raccolta dell'uva. Di solito i millesimati si riferiscono ad annate speciali.*

Occorre sapere che, in realtà, la legge (in generale) e i disciplinari (in particolare) prescrivono la percentuale minima di uva prodotta nell'anno di riferimento: tale percentuale generalmente è l'85%. Questo significa che un vino millesimato 2003, ad esempio, non è detto che sia stato vinificato con la totalità di uve prodotte nel 2003. Ad ogni modo, spesso nelle schede tecniche i produttori di un certo livello descrivono la precisa percentuale di uve del millesimo. Comunque, una frazione di vino di altri anni può a volte migliorare alcune caratteristiche della base della singola annata. L'impronta significativa è sicuramente data dalla frazione del vino del millesimo riportato in etichetta.

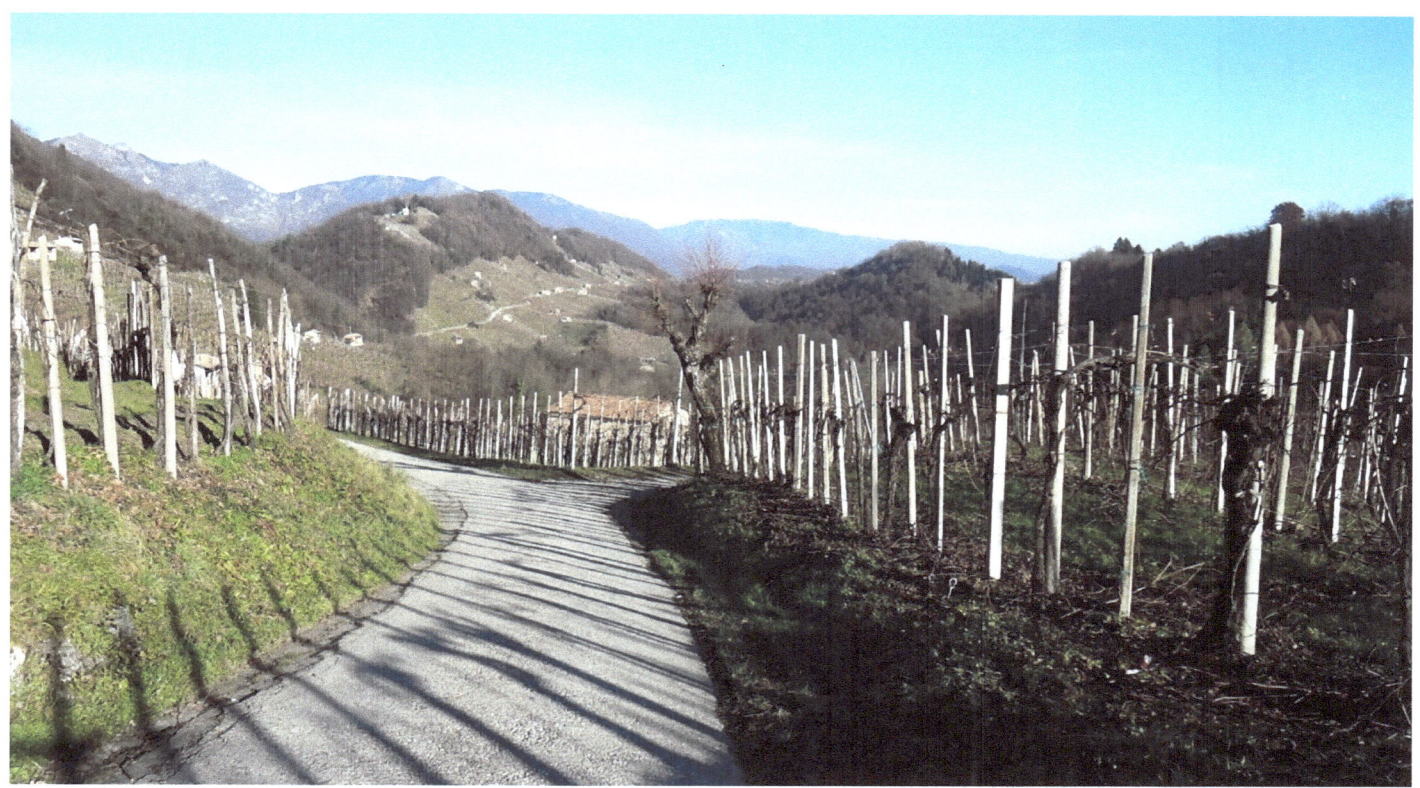

December   Miane

The term **millesimato** is given to sparkling wines produced with wines of a single harvest or the *millesimo*, which indicates the vintage in which the harvest was made. Unlike sparkling wines and Champagne obtained by the assembly of wines from different vineyards and vintages, the year of grape harvesting is reported on the sparkling wine label obtained from the vinification of the grapes of a single vintage. Usually the millesimates refer to special vintages.

It is necessary to know that in fact law (in general) and specifications (in particular) prescribe the minimum percentage of grapes produced in the reference year: this percentage is generally 85%. This means that a millesimato wine 2003, for example, is not said it has been vinified with the total grapes produced in 2003. However, producers of a certain level often in the technical sheets describe the exact percentage of grapes of the millesimo. However, a fraction of wines of other years can sometimes improve some characteristics of the base of single year. The significant impression is definitely given by the fraction of the wine of the millesimo reported on the label.